JN436739

생각하는 걸음은
한 걸음조차
무겁다

양창삼 시집(詩集) 14

생각하는 걸음은 한 걸음조차 무겁다

(양창삼시집 14)

생각하는 걸음은 한 걸음조차 무겁다

2022년 10월 26일 초 판 1쇄 인쇄
2020년 10월 31일 초 판 1쇄 발행

지은이 • 양 창 삼
펴낸이 • 조 경 혜

도서출판 그리심
07030 서울시 동작구 사당로2길 72 인정 인정 B동 b-01
등록번호 • 제 7-258호(1998. 4. 23)
출 판 사 • 전화 523-7589 팩스 523-7590
홈페이지 • http://grisim.biz
전자우편 • grisimcho@hanmail.net

ISBN 978-89-5799-481-8 (03810)

머리말

시를 쓴다는 것은 내 삶의 일기를 쓰는 것과 같다. 매일의 삶에서 만나는 빛나는 순간에서부터 가슴 저린 순간까지 마음을 녹이고 언어로 다려내기 때문이다. 시인의 일기는 때로 필치의 굴곡으로 인해 이해하기 어려운 부분도 있지만 조금만 깊게 드려다 보면 순수와 만나고, 놓치지 않고 싶은 절묘함에 반하기도 한다. 그래서 시인의 눈은 항상 맑아야 한다고 생각한다.

이번에 열네 번째 시집을 밖으로 내놓는다. 어쩌다 지면에 선보인 것도 있지만 그것만으로 나를 읽기에 부족하다. 시집을 내놓는다 해서 그것이 '나의 전부' 라고 말할 수도 없다. 그만큼 우리의 '나' 는 신비롭다. 시는 자꾸만 나를 드러내려 할 것이고, 그 때마다 '참 나' 는 더 깊은 곳으로 숨으려 할 것이다. 그래서 시는 우리 삶의 작은 그림자일 수밖에 없다. 하지만 독자는 그 조각을 가지고서도 "인간이란 무엇인가?"를 읽어내는 혜안을 가지고 있다.

다산 정약용은 "시는 모름지기 나라를 걱정해야 한다."고

했다. 어느 시대든 나라 걱정을 하지 않는 시인은 없다. 나라가 어지러울수록 생각도 무겁고, 시도 거칠어진다. 시도 가슴 아파한다. 어디 시뿐이랴. 우리의 언어도 마찬가지다. 그러니 정치를 잘해야 한다.

시는 자연을 만나 그 속에 담긴 지혜에 황홀해 하며, 의로운 사람을 만나면 평안함을 느낀다. 시는 우리가 대하는 모든 것들을 차별하지 않으며, 친구 되기를 거절하지 않는다. 그러므로 굳이 시를 탓할 필요는 없다. 시를 대할수록 외롭지 않을 것이며, 시를 친구로 삼은 사람은 누구나 시인이 될 수밖에 없다.

이번에는 나의 삶에서 이미 친구가 되어버린 시들을 불러 당신과 함께 하는 자리를 마련했다. 그러나 그들을 뷔페 음식처럼 대하지 않기를 바란다. 그 하나하나는 간장종지에 녹고, 된장에 풀어놓은 시골밥상처럼, 아니 할머니의 밥상처럼 대우한다면 더 없이 감사하겠다. 길든 짧든 그들은 이미 내 삶의 동반자로서 존경받고 있기 때문이다.

시를 접하면서 계절마다 옷을 갈아입히고, 비바람으로 위로의 손을 펴며 해와 달과 별들로 노래하게 하신 하나님께 감사한다. 첫눈에 그 경이로움에 빠지게 하시고, 부족하나마 글로 표현할 수 있게 해주신 하나님께 감사한다. 그 은혜가 주어지지 않았다면 우리는 결코 오늘을 노래할 수 없을 것이다.

어릴 적에 만난 시들이 이 나이까지 따라주며 친구가 되어준 것을 감사한다. 그리고 그 시들을 읽으며 나를 만난 듯 다독여준 친구들에게 감사한다. 끝으로, 여러분의 평안을 빈다. 시들이 여러분을 지키는 삶의 도구가 되어 이 땅이 줄 수 없는 평화를 줄 수 있다면 얼마나 좋을까. 나는 그 꿈을 꾼다. 늘 감사하면서.

양 창 삼

차 례

차 례

64. 그래 오늘은 이 정도에서 끝내자
65. 다시 걷는 거야
66. 봄이 왔으나 향기가 없는 이 시대에
67. 보이지 않는다고 보이지 않는 것이 아니다
68. 그 순간 우리는 손을 잡을 것이다
69. 질문 하나 풀기가 그렇게 어렵던가
70. 나는 멀리 있어도 너와 함께 있고

71. 그 사이에 꽃들은 연지곤지 바르고
72. 그날따라 오후가 빛나고 있었다
73. 열린 마당엔 모두가 있어 좋다
74. 그 사람은 나에게 말했어
75. 내가 너를 친구라 부르기 시작한 것은
76. 내 몸에 불지를 생각하지 말고
77. 그림자도 보이지 않는 너를
78. 당신은 하늘빛으로 다시 태어나
79. 통증이 문을 두드리는 날
80. 빛을 타고 내려온 삶은 다시 그 빛을 타고 올라가

81. 몸이 무슨 말을 하기 전에
82. 오늘은 모두 막시 한판 푸시게나
83. 우리는 지금 그 시간을 기나립니다
84. 일상이 비상등을 켤 때

차 례

생각하는 걸음은

한 걸음조차
무겁다

1. 너도 한 여름 소나기만 같아봐라

요즘 소나기 방문이 잦다.
그럴 때마다 이젠 아열대로 가는 거니 묻고 싶은데
하도 빨리 쏟고 가는 바람에 정신이 없다.
하지만 더운 기운을 잠재우니 어찌 감사한 일 아닐까.
마음까지 시원하게 해주니
얘야, 너도 한 여름 소나기만 같아봐라.
오늘따라 동쪽 하늘에서 저 서쪽 하늘까지
그 너른 공간에 무지개가 두 팔을 벌렸다.
이런 무지개는 보기 드물지, 암. 그렇고말고.
너에 대한 칭찬이 여기저기서 들린다.
이러다 신문에 오르지 않을까 싶다.
무지개는 약속이라는데 넌 오늘 무엇을 약속하려느냐.
지키지 못할 양이면 아예 입을 열지 마라.
차라리 색동옷 입고 거나하게 춤을 추거라.
그 큰 춤사위에 놀라 모두 입을 크게 벌리리라.
그런데 눈 깜짝 할 사이에 네 모습이 보이지 않는다.
아니 누가 그새 시샘을 하여 너를 몽땅 지워버렸을까.
아니면 하늘 뒤로 숨었는가.
고무지우개로 지울라치면 꽤 시간이 걸릴 터인데

아무래도 심상찮다. 심상찮아.
하지만 네 방문을 어찌 환영하지 않을 수 있을까.
네 오래 기억하여 네 이름을 남기리라.
이 한 여름에.

2. 세상을 걷고 싶다, 꿈에서라도

교대에서 안국 역으로 출근하던 때는
인사동이 날 기다리고 있었지.
곰팡내 나는 책들 사이로 함께 걸어 들어가면
천상병 시인이 즐겼다는 차가 나오곤 했어.
시 "귀천"은 찻잔을 돌아 하늘로 날아가곤 했다.

신도림 행 전철에 몸을 실었을 때는
디큐브시티가 자꾸만 유혹을 했어.
"맘마미아"와 "시카고"가 번갈아 잔치를 열면
지나는 전차들마저 어깨를 들썩였다.
아무렴, 흥을 이길 수 있는 것은 없지, 없어.

요즘 나의 열차는 서초 역에 머물러 있다.
거리두기 4단계가 우릴 꽁꽁 묶었으니 어찌할까.
마스크가 입과 코까지 지키고 있어 숨을 곳도 없다.
얘야, 눈 딱 감고 있을 터이니 차 한 잔 내오너라.
내 너를 타고 뉴욕에 숨어들고
발리에도 발을 내려 세상을 걷고 싶다. 꿈에서라도

3. 소망 한 가지 하늘에 띄워본다

기후는 늘 말없이 행동으로 보여준다.
조용하다가도 한 순간에 도시를 쑥대밭으로 만들고
산을 무너뜨리며 사람의 혼을 빼놓는다.
네 힘을 익히 알고 있지만
요즘 들어 자주 화를 내는 것을 보니
심기가 몹시 불편한 것 아니겠는가.
가끔 네 경고의 말을 들었는데도
미리 조심하지 않은 우리가 잘못이지.
싸게 놀다가 비싸게 비용을 지불하다 보니
우리 사정도 말이 아니다.
이제 시작일 터이니
앞으로 지불해야 할 것들로 인해 마음이 무거워진다.
아직도 정신 못 차린 자들로 인해
지구는 몸살을 앓고 있다.
이 밤에 기후가 다시 역정을 내지 않을까 걱정이다.
이 땅이 언제 근심을 벗이니
기후와 더불어 웃으며 살 수 있을까.
소망 한 가지 하늘에 띄워본다.

4. 비로소 깨달았지 아름다움은 신기루라는 것을

아름다움을 만날 때 가슴은 먼저 뛰고
그것을 더 오래 보려고 시선은 바삐 움직인다.
그것을 담고 싶어 마음은 채근하며
좀 더 가까이 가라 한다. 알았어, 알았다니까.
난 그 아름다움이 혹시라도 훅 날아갈까 싶어
조마조마 하는데
아니나 다를까 아침에 날아든 까치가
순간을 못 참고 소리를 질러댄다. “쩍쩍”
나름 말을 걸고 싶은 것이겠지.
내 심장이 얼마나 놀라는지
그만 하늘이 무너지는 줄 알았다.
하지만 아름다움은 고고한 모습을 잃지 않았어.
그런 것에 무너질 량이면 아름답다 하겠나.
그는 큰 걸음으로 성큼성큼 다가오더니
살며시 나의 손을 잡지 않겠나. 아이고. 저런.
나는 그만 눈을 감고 말았네.
부끄러움이 그를 감당할 수 없었던 게야.
하지만 나는 이미 마음의 공간을 한층 더 높이며
손 높이 들어 그를 맞지 않았겠나.

그 때 빛이 들어와 금모래를 뿌리기 시작했어.
그런데 갑자기 그가 보이지 않는 거야.
나는 두리번거릴 수밖에 없었는데
질문을 하기엔 이미 늦었어.
그 때 비로소 깨달았지.
아름다움은 신기루라는 것을.

5. 그러니 감사하다 할밖에

검진 날, 기계가 눈을 부릅뜨고 날 맞는다.
그래, 네가 나를 잘 본단 말이지. 구석구석.
그렇다 해도 의사보다 앞서진 마라. 체면이 있지.

키를 잴 때마다 고갤 쭉쭉 올려보지만
다 소용없다. 키는 해마다 작아지고 있다.
키만 키우려 말고 겸손을 키웠으면 더 좋았을 것을.

들쑥날쑥한 몸무게에게도 할 말이 많다.
이것이 인격 무게였으면 좋으련만
삶의 무게로 변하니 무섭다. 가난하게 살 일이다.

너무 먹고 빨리 먹느라 고생한 흔적도 역력하다.
남만 혹사시키는 것이 아니다.
결국 날 혹사시킨 게야. 위야, 너무 미안하다.

청력도 옛 같지 않다. 한쪽 귀가 약해지고 있다.
한쪽 귀만 열면 안 돼.
암, 좌우 다 열고 균형 있게 살아야지.

내년엔 무슨 말을 들을지 두렵다.
하지만 네가 있으니 조심하며 살지 않겠느냐.
그러니 감사하다 할밖에.

6. 안으로, 안으로 깊숙이

사마귀가 날카로운 발톱을 보이며 위협을 한다.
섬뜩한 두 눈까지 이리저리 굴리며
살려거든 자기편에 서라 한다.
여치는 한 발짝도 움직이지 못한다.
하지만 얼마나 더 살겠다고 굴종을 택하겠는가.
죽어도 나는 나의 길을 택할 것이니 그리 알게.
그렇게 말해보려는데, 입이 떨어지지 않는다.
악과 화해를 하느니 차라리 굶자.
그런데 오늘따라 태양이 뜨겁다.
도와주지 못할망정 훼방은 말아야지.
입이 쩍쩍 마른다.
그래 지금 내가 할 수 있는 일이 왜 없겠느냐.
나는 것이지.
뛰어보자. 날아보자. 따악 눈 감고.
안으로, 안으로 깊숙이.
하늘로, 하늘로 높이.

7. 나는 믿습니다,
당신이 내올 아름다운 식탁을

내가 좋아하는 것은
대량으로 찍어 나오는 것이 아닙니다.
모양이 조금 다르고 투박해도
질 좋은 새벽 공기를 흠뻑 들이 킨 것이 좋습니다.
바로 구운 빵처럼 따끈한 것이면 더 좋습니다.
김이 모락모락 나면 어떨까요.
너무 이르면 잠을 설칠 것이니
커피가 식지 않을 시간이면 적당합니다.
식감이 살아있으면 마음까지 부드러워질 것이니
너무 단단하지 않도록 부탁드립니다.
분노와 미움으로 굽진 말아주세요.
그러면 제대로 된 것이 나올 수 없습니다.
먹어도 소화가 되지 않습니다.
여기저기 눈이 있다는 것을 아시고
진실과 정의와 공평으로 구워주세요.
그 위에 사랑을 듬뿍 발라주시기 바랍니다.
주문이 길다고 생각지 않으시겠지요.
나는 믿습니다. 당신이 내올 아름다운 식탁을.

8. 그 때야 깨달았다

대학 때 처음 태어난 나의 시집은
무겁고 근접하기 어려웠다.
폭발성도 강했다. 젊었으니 어쩌겠나.
"시는 쉽게 쓰는 것이 아니지." 그렇게 생각했다.

나이가 들어가면서 시가 점점 겸손해졌다.
그 때마다 아내는 말하곤 했다.
"이렇게 써도 되는 거야.
첫 시집은 무슨 소린지 모르겠더니."

오늘 아침 박이도 시인이 전화를 주었다.
"열세 번째 시집 재미있게 읽었어요."
멋쩍어하는 나에게 한 마디 더 하신다.
"쉽게 읽을 수 있었으니 성공한 거예요."

그 때야 깨달았다.
마음 편하게 읽을 수 있는 시
한 줄이라도 가슴에 닿는 시
그것이 성공한 시로구나

9. 고집 하나만 내려놓아도

요즘 왕국 사정은 어떤가요?
살이 쭉 빠진 소가 되었답니다.
그래도 살려고 풀밭 찾아다니지만
들은 황무지로 변한지 오랩니다.
강줄기는 말랐고
재칼은 목이 말라 자꾸 혼미해십니다.
어인 일입니까? 교만하던 왕국이.
그야 사람들 때문이지요.
길을 잘못 택한 것이지요.
그곳에 발을 들여놓자
세상도 바뀌기 시작했어요.
모두 고사 직전에 와있어요.
아이고, 불쌍해라.
살아날 방법은 없을까요?
왜 없겠습니까? 고집 하나만 내려놓아도
사막에 샘이 넘쳐날 터인네
그걸 못합니다. 그걸 못해.

10. 내가 구워낸 빵은 어떤 것일까, 궁금하다

늘 나의 풋내기 중등 시절을 생각나게 하는
친구 강인한 시인이 시선 집을 보내왔다.
"당신의 연애는 몇 시인가요."
제목이 손에 잡힌다.
그런데 이 나이에 "연애"라는 말을 들으니
얼굴이 붉어진다.

책안에 쪽지 하나가 숨어있다.
오랜만에 보는 200자 원고지다. 오매, 반가운 것.
글이 또박또박하다.

"친구에게
이 시집은 1966년부터 지금까지 써서 발표한 7백여 편의 시들 중에서
사회비판적이거나 현실풍자적인 시들을 제외한 시들 중
서정성이 강한 시들,
독자들이 가까이 하기 쉬운 시들을 골라서 묶은 시집이오.
몇 편이라도 친구가 즐겁게 읽을 수 있는 시가 들어있기를 바라며---.

2021년 여름 강동길(인한)"

비판지성이 뚜렷한 친구 인한이가
오랜만에 서정시 한 묶음 들고 나타났다.
"제목이 왜 그런지 궁금하지 않아?"
"빵집에 들렀는데, 시간마다 나오는 빵이 달라.
그래서 그것에 착안에 붙인 이름이지."

그 말을 들으니 갑자기
내가 구워낸 빵은 어떤 것일까, 궁금하다.
네 말대로 상큼한 민트 향일까,
삼사십 대 아저씨가 뒷문으로 들어와 찾는 체리 핑크일까
육질 좋은 선홍색 연애일까
뒷맛이 아련한 코발트블루일까.
아님, 눈물에 찍어먹는 간간한 마늘빵일까.

11. 지구 곳곳에 빨간 불이 켜졌다

코로나는 이제 지역을 넘어
오대양 육대주를 활보한다.
어느 날엔 다른 행성까지 넘볼지 모르지.
곳곳에서 활동하던 반 코로나 전사들이
숨을 거둔다. 우리가 할 수 있는 것은 여기까지다.
"그럼 남은 일은 누가 하게요?"
눈물 흘리는 자에게 하늘은 세미한 음성으로 답한다.
"그 일은 주권자의 몫이다."
어찌 감히 그의 영역을 넘볼 수 있을까.
하지만 기도할 수는 있지.
"우리를 불쌍히 여기소서."

그 사이
아프간이 아프다.
일상은 토기처럼 깨졌고
두려움에 양 떼가 길을 잃었다. 저런, 저런.
산울림에 여인들의 거친 한 숨이 배어있다.

평안이어, 갑자기 어디로 숨었단 말인가.
오라. 어서 오라.
온 세상이 코로나로 비상인데
나라도 비상이다.
어찌 그곳뿐이랴.
지구 곳곳에 빨간 불이 켜졌다.

12. 하지만 아무도 그것이 행복인지 모른다

행복은 줄을 타고 내려오나
겹겹이 둘러친 줄 사이로
"행복의 시작"이란 간판이 또렷하다.
그것이 없었다면 행복이 사는 곳도 몰랐을 것이다.

행복의 입구라면 문전성시일 것이 분명한데
폐업을 한 듯 조용하다.
문을 지키는 사람도 없다.
하지만 통지문을 본 일 없으니
섣부른 생각은 하지 말자.

어쩌다 한 밤중 행복의 집에 불이 켜지면
나는 놀라 소리친다.
"아니, 행복이 살아있었네. 살아있어."
그렇담 언젠가 그 문이 열릴 날이 있을 것 아닌가.
헌데 아무도 관심을 표하지 않는다.
애써 행복의 모습을 보려는 사람도 없다.

줄은 오늘도 바람에 흔들리고 있다.

행복이 손을 흔들고 있다.
하지만 아무도 그것이 행복인지 모른다.

13. 손 내밀 때 거절하지 말거라

오늘은 하루 종일 비가 내리려나 보다.
간밤에 태풍이 소리치고 지나간 뒤
이곳저곳 생채기 자국이 선명한데
넌 무엇이 슬퍼 눈물을 흘리느냐.
가슴 아픈 일이 있다면 하늘에 호소하고
소소한 일이라면 내 귀에 들려주어도 좋다.
그만큼은 내가 감당할 수 있으니
친구 삼아 네 소곤대는 소리를 읽는 것으로
너에게 짬을 내주기로 하였다.
사람들은 모두 거리두기에 바빠 삶을 잃었고
사람이 두려운 세상이 되어가니
여유를 기꺼이 내줄 사람도,
그것을 빌리는 사람도 찾아보기 어렵다.
하지만 내사 찾아온 너를 박대하지 않고
손잡아 일으키고 싶으니
손 내밀 때 거절하지 말거라.
내 널 기꺼이 친구 삼아 오늘을 살 것이다.

14. 난 오늘도 자네가 있음으로 기쁘고

삶이 바람이라면 너무 가벼운 것 아닐까
생각이 묵직하면 그 값은 더할 것이니
치열하게 살아온 인생이 어찌 헛되다 할까.
그러니 너무 조급하게 생각하지 말게.
너무 순진하고 무구하여
너를 보는 것만으로도 깨끗한 느낌인데
내 무엇을 더 요구할 수 있을까.
자네는 몇 개의 훈장으로도 모자라지.
하지만 그 마저 반납할 것이니
차라리 아무 말 하지 않고
마음 깊숙이 담아두겠네.
혹시 심판자가 묻기라도 한다면
내 기꺼이 자네 이름을 밝히겠네.
하지만 이미 생명책에 기록된 이름일 터이니
그 이상의 설명은 군더더기일 게야.
그 값어치를 하늘도 알고 있으니
자네가 속한 나라는 무궁할 것이네.
난 오늘도 자네가 있음으로 기쁘고
한 순간도 가볍게 지나려 하지 않네.
바람은 곁눈질할 뿐이지.

15. 오늘도 나는 길을 걷는다

나는 매일 길을 걷는다.
핏줄처럼 한 없이 이어진 길을 걸으며
산소를 폐 깊숙이 들이킨다.
길이 있음에 나도 산다.

때론 에움길에 홀로 설 때가 있다.
멀리, 그리고 둘러간다는 것은 쉽지 않다.
"왜 그리 가야 하는데?" 짜증 날 법도 한데
길섶의 나무와 돌, 그리고 풀잎이
친구 되기를 자청한다.
그만한 동행이 어디 있겠는가.
지름길이 유혹해도 눈길 하나 주지 않으리라.
긴 인생길
긴 걸음, 느린 걸음도 행복하다.

눈이 수북이 내린 겨울 아침
너는 소복한 여인처럼 숫눈길이 되어 날 맞았다.
아무도 걷지 않은 그 길에
나는 첫 발자국을 남기며 말했지.

"널 사랑한다고."
그러자 넌 나에게 힘든 주문을 했어.
"길이 아니면 가지 마세요."

오늘도 나는 길을 걷는다.
니를 걷는다.

16. 뭐가 궁금한 게야

하루는 하늘에 물음표를 던졌다.
그 너른 공간을 다 차지한 비결이 뭐냐고
그런데 한 마디로 거절한다.
지금 하늘도 포화상태라 더 넓히지 않으면
폭발직전이라고.
이상하다. 하늘은 마냥 비어있는 줄 알았는데.
해도 비켜가고, 달도 숨는데 뭐가 어째서.
헌데 뭘 몰라서 그런 거라나.
보이는 것이 전부가 아니라는 거야.
그 안엔 내가 모르는 비밀들이 가득해서
얘기해도 알 수 없을 거래.
과학자들이 알아낸 것은
그야말로 0.000000001퍼센트도 안 된다는 거야.
믿기지 않겠지만 우주는 더욱 팽창하고 있고
태어나는 별들도 부지기수여서
그들을 관리할 태양도 수를 헤아릴 수 없다는 거야.
그런데 하늘은 왜 늘 평안하냐고 했지.
그것도 몰라서 그런다네.
가끔씩 가리고 싶은 때가 있어 구름을 보내고

그것도 힘들면 천둥으로 가슴을 치고
며칠이고 눈물을 흘린다는 거야.
그제야 비로소 난 하늘의 아픔을 알았지.
하늘은 오늘도 파란 망토를 걸치고
우리가 사는 땅 구석구석을 살피고 있다.
뭐가 궁금한 게야.

17. 아리스토텔레스의 정치학 강의

아리스토텔레스는 인간을 "정치적 동물"이라 했다지? 아니야, "폴리스적 동물"이야. 인간은 정치공동체를 이루면서 살아갈 수밖에 없는 존재란 뜻이야. 도시국가가 주류인 곳에서 폴리스는 생명을 건 중요한 공동체지.

왜 공동체일까? 인간은 홀로 살아갈 수 없는 나약한 존재임을 안 것이지. 인간이 안정적으로 살기 위해서는 공동체가 필요하다는 것 아니겠나. 자급자족을 해야 하는 때 공동체가 힘을 모으면 더 큰 지혜로 나아갈 수 있다는 말이겠지. 그래서 국가도 태어나고,

그는 국가를 통해 비로소 개인이 완전한 인간이 될 수 있다고 생각했어. 국가라는 정치 공동체에 소속되지 않는다면 개인은 자급자족을 하지 못할 뿐 아니라 완전한 인간도 되지 못한다는 거야. 그는 국가주의자임에 틀림없어.

그는 국가를 통해, 공동체를 통해 인간의 이성을 실현하기를 바랐지. 다른 사람과 소통하고 의견을 조율하고 선

한 일을 실천할 수 있는 이성 능력, 곧 '실천적 지혜' 말이네. 이 지혜야말로 동물이 갖지 못한 인간의 고유 능력이라 했지.

그래 도시국가를 살아가는 사람들은 이 집단지성을 잘 활용했을까? 아니야. 도시국가끼리 싸우고, 패배한 나라는 노예로 전락하고, 그러다 전쟁의 맛을 즐기면서 제국을 꿈꾸는 자들이 일어나게 됐지. 알렉산더 대왕은 도시공동체에 만족할 수 없는 사람임을 스스로 증명했어. 폴리스적 동물은 그 때 죽었어.

그럼 현대판 '정치적 동물' 은 어떻게 됐나. 그야 정치를 잘해서 평화롭게 살면 얼마나 좋겠나. 타협할 줄도 알고, 상대를 이해할 줄도 알고, 그래서 평안한 나라를 이루면 얼마나 좋겠어. 그런데 '정치적 동물' 은 괴물이 되고 말았네. 지금 정치는 괴물들이 주무르고 있어. 사람들은 불안하다 못해 지구를 떠나려 하고 있네.

18. 아직도 나에겐 보이지 않는 손님들이 많다

간밤엔 비가 찾아왔다.
다들 가을비라 하는데
난 여름비의 마지막 인사 같았다.
송별은 필요한 것 아니겠나.
그런데 다음 날 아침은 언제 비가 왔냐는 듯
시치미를 뚝 떼고 앉아있다.
비는 어제 일이고, 오늘은 아니라는 거지.
세상에 인정머리도 없는 것들 같으니라고.
좀 슬퍼해봐라.

눈을 들어 먼 산 바라보니 푸르기 그지없다.
더벅머리 총각이 따로 없다.
밝은 인사부터 한다.
길가 꽃들도 하늘 향해 눈도장을 찍으려든다.
낮이고 밤이고 일편단심인 너를 어찌 잊을까.
헌데 구름이 중간에 앉아 심술을 부린다.
오도 가도 못하는 날이면 기다릴 수밖에.
보아하니 가을도 길목에 서있다.
그를 따라 온 많은 것들이 달구지에 실려 있다.

이름 모를 비 소식이
이 주말 쭉쭉 예고되어 있다.
아직도 나에겐 보이지 않는 손님들이 많다.
그러니 마냥 미룰 수도 없다.
마음 준비는 되어 있는가.
알았다. 짐 내려라. 들어오시라 해라.

19. 내가 별을 헤는 이유를 알겠니

한참 연구할 때는 주제마다
학자들의 이름이 주렁주렁 달렸다.
무슨 얘기를 하면 그들 이름이 먼저 튀어나왔다.
그들이 무슨 열매를 맺었는가는 아무도 모른다.
학문은 그렇게 이론가들이 장악하고 있었다.
그들은 대학 정문을 들어서자마자 우리를 맞았고
졸업 땐 가운까지 씌어주었다.
그들을 만나 유식해졌는가 싶었는데
졸업장을 장롱에 넣는 순간
그들은 모두 잊힌 인간이 되었다.
그래서 우리는 다시 무식해졌는가 싶어
걱정이 되기 시작했는데
다들 무탈하게 사는 것을 보니
걱정도 사서한다 싶다.

나이 들어 이론가들의 이름을 하나씩 꺼내보니
꺼진 풍선 모습이다.
새 이론가들이 등장하면서 박살을 내는 통에
이젠 명함도 낼 수 없게 되었다.

불쌍한 것들, 그래도 옛정을 생각해서
이름 하나씩 불러본다.
죽은 친구가 살아서 별처럼 뜬다.
얘야, 내가 별을 헤는 이유를 알겠니.

20. 애매와 모호 사이를 줄 타며

강신표 교수는 "케사면서"라는
우리말에 집중하며 문화를 캤다.
말은 그러면서 그렇게 하지 않다는 말인지
그렇게 말하면서 자꾸만 그리한다는 말인지
종잡을 수 없다.
"글쎄요"를 놓고도 인류학적으로 접근한다.
좋아한다는 말인지 그렇지 않다는 말인지
확실하지 않다.
"왠일이니"도 마찬가지다.
놀랍다는 말인지 그렇지 않다는 말인지 헷갈린다.
"그런 것 같아요"도 예외가 아니다.
"그렇다"와 "그렇지 않다" 사이를 왔다 갔다 한다.
이 말들을 사용했다는 것은
우리가 지금까지 애매와 모호 사이를 줄 타며
살아왔다는 것 아니겠나.
힘들지만 구성지다 할까
등뼈 휘는데 미소 잃지 않으려 한다 할까
알다가도 모를 일이다. 말은, 아니 우리는.

21. 그래서 오늘은 풀잎을 닮기로 했다

풀잎이 아름다운 것은
칭찬에도 흔들리지 않기 때문이다.
누가 뭐래도 등 곧게 세우며
하늘을 향해 팔을 뻗는다.
아는가, 내게도 지조가 있다.

풀잎이 아름답다 할 땐
마음이 자라고 익어가기 때문이다.
그래서 지금까지 보지 못했던 것에 감탄하고
지난날의 회한까지 스스럼없이 주어 담으며
너를 고마워한다.

풀잎이 아름답다 할 땐
추억을 늘 푸르게 기억하고 살기 때문이다.
모두들 미움일랑 깡그리 지웠다고 말하지만
그래도 흔적이 남아 섭섭해 할 때도
풀잎은 아무 말 없이 우리를 받아준다.

그래서
오늘은 풀잎을 닮기로 했다.

22. 어떻게 돌려놓을 방법은 없을까

"형님, 목소리 듣고 싶어서 전화했어요."
청순함이 뚝뚝 흐르는 순동이다.
굽은 허리로 고생하다 수술까지 잘 마쳤는데
이번엔 다른 공격을 받았다.
병은 인정사정없다.
결국 집에 있지 못하고 요양원으로 들어가
외로움을 삭이다 전화를 걸었다.
장수의 눈에 눈물이 고인다.

"가슴이 아파 아무 말도 못하고 왔어요."
애달픈 메시지가 올라온다.
병마와 싸우고 있는 또 다른 장수
전화를 받지 않는다 했더니
몇 번의 항암주사에 힘든 날을 보내고 있다.
생각만 해도 가슴이 아프다.
기도로 마루를 적실 모습이 선하다.

심장 수술을 마친 대장은 요즘 소식이 뜸하다.
투석을 해야 하는 처지에

우회 술까지 한 역전의 용사다.
수술 후 그동안 먹었던 혈압 약을
더 이상 먹지 않아도 된다며 웃음을 짓는다.
하지만 난 웃을 수가 없다.
조용해도, 뜸해도 왜 그런지 자꾸 걱정이 앞선다.

사람들이 자꾸만 아프다.
나이가 들어가니 아픈 사람이 더 많이 보인다.
아프면 서럽고 외롭고 두려울 터인데
세상은 자꾸 그 쪽으로 가고 있다.
어떻게 돌려놓을 방법은 없을까.
장수들을 기쁘게 할 방법은 없을까.

23. 나라도 너를 기억해야 하지 않겠느냐

네가 그리 요란하게 팔을 흔드는 것은 처음 보았다.
머리를 풀어헤치고
미친 듯 춤을 추며
마치 혼이 쑥 빠진 것처럼
그래서 보는 내가 어지러울 정도로

너만 그런 것이 아니었다.
옆에도, 그 옆에도
모두 몸을 비틀고 있었다.

누가를 환영하는 것이냐 싶어 주위를 둘러보아도
인적은 찾아볼 수 없다.
아니, 모두 숨을 죽이고 숨어있다.
그런데도 너는 너무나 바삐 움직이고 있다.
등이 휠 정도로
그래서 네 등이 남아나겠느냐.

아직도 팔은 쉼 없이 움직인다.
어떤 여인도 너처럼 춤을 출 순 없지.

외등이 숨죽이며 빛을 쏟아낸다.

비는 억수같이 쏟아지고
바람은 그 사이를 비집고 들어와
너를 쉼 없이 흔들어대고 있다.
나는 창 사이로 널 지켜보고 있다.
너의 고통스런 춤사위를.
나라도 너를 기억해야 하지 않겠느냐.

24. 자네도 살아야 되지 않겠나

카랑카랑한 목소리가 네거리에서 열을 토한다.
하루 이틀도 아니고 몇 달째다.
이 고통을 풀어줄 자가 아직도 없다는 말인가.
사람이 대답할 수 없다면 누가 할까.

오늘따라 이곳저곳에 깃발이 세워진다.
섬뜩한 글들이 나부낀다.
아직도 우리 시대의 냉전은 끝나지 않았다.

그런데도
사람들은 아무 일 아니라는 듯 가고
그것을 막으려 하지도 않는다.
신기하다. 이렇게 살아간다는 것이.

그 사이에 길은 차로 막힌다.
신호등 눈동자가 주변을 살피느라 바쁘다.
어떻게 풀어줄까 바쁜 모습이 역력하다.
그래 너라도 있으니 다행이다.

목소리가 건널목에 섰다.
파란 불 켜지면 그냥 건너가시게.
오늘은 됐으니 내일 다시 오게나.
자네도 살아야 되지 않겠나.

25. 시골밥상, 사랑밥상, 하늘밥상

나는 세 끼 밥상과 마주한다.

한 끼는 된장 내 나는 시골밥상이다
푸짐한 상추에 계란찜이 오르면 그것으로 만족한다.
투박한 밥그릇이 애써 빛을 내지 않아도
땀을 씻는 농부의 넉넉함으로 대한다.

한 끼는 미소가 덤으로 오르는 사랑밥상이다.
세상사 복잡한 날에 이 밥상 한 그릇으로
마음에 평안을 입는다면 얼마나 배부르랴.
내 너를 불러 함께 노래를 부르리라.

한 끼는 보이지 않는 하늘밥상이다.
하늘이 나를 잊지 않고 한 상 내려주는 것이니
감사함으로 받을 일이다.
말씀이 양식이 되어 나를 살린다.

밥상이 어디 이것뿐이랴.
동네밥상도 있고, 친구밥상도 있다.

다 착한 밥상이다.
고마운 밥상이다.

26. 하지만 우리는 곧 만나게 될 것이다

넌 눈을 감았다. 그리고 말없이 떠났다.
다시 만날 것이니 이별이라 말하지 않겠다.
한 줌 씨앗을 뿌리고 갔으니
사람들은 언젠가 그 열매를 거둘 것이다.
그것이 그리움이 되면 사람들은 병을 앓을 터.
내가 너를 처음 본 곳은
밤마다 별무리 지어 다니는 고원이었지.
네 의연함은 철판을 뚫는 듯 했다.
사내가 뜻을 세웠으면 어찌 쉽게 접겠느냐.
칼을 뽑았으면 소리를 질러야지.
그 때 네 사내다움을 값지게 샀다.
넌 하늘을 향해 노래하는 바람이었다.
그런데 넌 손사래 치며 아니라 했다.
그것이 정녕 부끄러운 것이 아닐 진데
애써 부인할 것 까지는 없지 않느냐.
그런데도 넌 밤마다 하늘을 향해 기도를 했다.
바람이 아니라던 때는 언제고.
자꾸만 웃음이 나오는데
그래도 내심 겸손함을 믿으며 응원했다.

넌 별들을 이리저리 몰고 다니며
세상을 변화시켜야 한다고 했지.
가끔 박수소리가 멀리까지 들리곤 했는데
세상은 지금도 끔쩍도 하지 않고 있다.
너는 그만 가슴에 병을 얻어 드러눕고 말았는데
약도 듣지 않아 가슴까지 콱 박혀버렸다.
의사들이 너를 포기한지 며칠이 지나지 않아
넌 눈을 감고 말았다.
오던 길을 되돌아가고 말았지.
그래 사랑하던 이들을 남겨놓고 어찌 갈 수 있느냐.
너도 자꾸만, 자꾸만 뒤돌아보았겠지.
이제 그리움은 병이 되고
사람들은 가슴을 앓을 것이다.
하지만 우리는 곧 만나게 될 것이다.
길 아닌 길에서.

27. 내 말 너무 서운하게 듣지 말고

구월이 낙엽처럼 떨어지니 시월이 얼굴을 내민다.
"들어오라." 말한 적 없는데
한 줄 허락도 주지 않았는데
얼굴을 디 민다.
구월에게 미안하지도 않나.
혼자 중얼거린다.

다 내가 너무 한 거지.
그렇게 무심할 일이 아니야.
떠난다 해도 말리고, 구슬리고
그럼 주저주저할지 어찌 알까.

그런데 시간은 멈추는 법이 없어.
하루야 페이지 넘기듯 후딱 가고
한 달은 한 여름 낮잠밖에 되지 않으니
이젠 계절마저 붙잡을 힘도 없다.

시월아, 네가 무슨 죄가 있겠느냐.
어서 오렴.
내 말 너무 서운하게 듣지 말고.

28. 밤낮없이 하늘을 향해 손을 쭉쭉 뻗고

어찌 된 일인가.
나무 골 대장 터줏대감 참나무가
벼랑 끝으로 밀려났다.
사자가 와도 늠름하던 네가
가시나무에 찔려 피를 흘리다니
네 헛기침에도 아쉬움이 배어있다.
이제 우린 어느 나무를 따라 올라갈까.
비탈길을 타고 오르다가
고지를 점령하는 것이 목적인데
어느 세월에 안목이 높은 지도자를 만나
우리의 목적을 이룰 수 있을까.
타오르는 태양과 차가운 달을 두 눈 삼아
저 우주까지 날아들 꿈은 어찌 할꼬.
나무들아 정신을 차려라.
밤낮없이 하늘을 향해 손을 쭉쭉 뻗고
별은 꼭 잡으라.
상심은 접고 근육은 키워라.
절대 눕지 마라.

29. 주께서 허락하신 오늘

주께서 허락하신 오늘, 아름답게 살게 하소서.
순간순간 하늘의 너른 마음을 닮게 하소서.
털쌘구름을 기뻐하며
당신을 향해 두 팔 벌린 나무를 사랑하게 하소서.
들풀의 속삭임도 놓치지 않게 하시고
그들과 동무되게 하소서.
걷다가 지치면 쉬게 하시고
사랑의 눈으로 바라보게 하소서.
출렁이는 잎들의 합창에 미소 짓게 하시고
사람들 앞에서 고개 숙이게 하시며
당신의 향기를 품게 하소서.
우리 모두 당신이 허락한 이 하루를
감사하고, 또 감사하며
조용히 눈 감고 기도하게 하소서.
하루를 불가하다 하지 않으시고
또 내일을 준비하시는 주님
우리는 당신 것이나이다.

30. 눈을 감는 그 날까지

태양이 빛을 발하는 것은
해처럼 빛을 내며 살라는 것이다.
저녁에 달이 잊지 않고 찾아오는 것은
어둔 밤에도 빛을 반사하며 살라는 것이다.
꽃이 늘 밝은 얼굴로 맞는 것은
미소 잊지 말고 밝게 살라는 것이다.
나무가 푸른 잎을 자꾸만 티어 내는 것은
너도 주변을 푸르게, 푸르게 하라는 것이다.
동서를 오가던 바람이 남북을 잇는 것은
막힘없이 소통하며 살라는 것이다.
그렇다. 자연은 이름 없는 선생이다.
그들은 말보다 행동으로 보여주며
자신을 태워 온 몸으로 가르친다.
그런데 한 번도 청구서 내민 적 없고
내가 어떻게 사는지 알면서도
나무라거나 부끄러워하지 않으니
네 앞에서 감히 무슨 말을 하랴.
눈을 감는 그 날까지 난 고마울 뿐이다.

31. 우리는 너로 인해 순수를 마시고

네가 거룩하다는 것을 안 것은 시간이 지나서였다.
그것은 홀로 존재하기 때문이 절대 아니었어.
이웃의 말을 크게 들을 줄 아는 귀와
그들의 아픔을 다독일 줄 아는 입
그것이 어우러지면서 비로소 느낄 수 있어
기쁨 같은 것이 속에서 폭죽처럼 마구 터질 때
우린 모두 "아, 삶은 아름답다" 했다.
넌 애써 모자도 쓰지 않으려 했다.
가림 막도 거절했어.

얼마나 귀한 만남들인데 숨기고 감출 것이 뭐 있남.
갑갑한 창문일랑 모두 열고
맑은 공기 벌떡벌떡 들이키며 사는 것이 값지다 했지.
네 사전엔 사치나 교만이 거들먹거릴 자리는 없어.
그것들일랑 쓰레기로 처분한지 오래야.
우리는 너로 인해 순수를 마시고
시간마다 터져 나올 창조를 기다리며
축하할 준비를 하고 있지.

너무 높아서 보지 못하면 어떡하나 걱정하지 마
우린 너를 피하지 않고 꼭 바라볼 것이니.
하늘도 너의 삶을 기억할거야.

32. 그러다 말을 잃으면 어떡하지

깊은 밤, 거리도 잠자고 있다.
가로등도 졸고 나뭇잎도 졸고
생각도 정지되었다. 하늘도 문을 닫았다.
그래 나도 남은 잠을 채워야지.
동이 트자 모두 기지개 켜고 일어난다.
"어서 와, 어서 와" "안녕"
밤새 닫힌 교문이 먼저 입을 연다.
물건을 가득 실은 차들이 상가 앞에 코를 내밀고
커피 내리는 소리를 맡는다.
살아있다. 살아있어.

소파에 앉아 두 손으로 신문을 편다. 세상을 연다.
오늘도 정치는 시끄럽고 아픈 구석이 많다.
경제는 느린 성장에 인플레이션 걱정이 높다.
그래도 화음을 어찌어찌 맞추며 돌아가는 것 보니
삶이 기적이다.
마스크 쓰고 사회적 거리두기
두 해 넘어가는데 아직도 만남이 두렵다.
풀린다, 풀린다 해도 약속은 멀찌감치 잡아둔다.

그러다 말을 잃으면 어떡하지.
우리의 관계는 아직도 밤이다.
우리 사이에 동은 언제 트나.
그것이 궁금하다.

33. 그는 그만 눈을 감고 말았다

그에게 최후의 순간이 다가오고 있다.
고개를 들어 뒤를 돌아보는데
자꾸만 눈물이 앞을 가린다.
사랑하며 살아온 시간들이 손을 흔들며
작별할 준비를 하고 있다.
우리가 어떻게 헤어질 수 있는가.
갑자기 진지함과 엄숙이 함께 찾아와 인사를 한다.
한 번도 이 시간이 오리라 생각한 적이 없는
이웃들에겐 이름 모를 고통이 시작된다.
그래 우리 모두가 맞아야 할 시간이란 말이지.
플랫폼에서 사람들이 차를 기다리듯
기다린 것도 아닌데
갑자기 불쑥 나타나 기적을 울린다.
헤어질 시간이다.
그는 그만 눈을 감고 말았다.
더 이상 기다릴 수 없어
이 가을, 그는 그렇게 낙엽이 되고 말았다.

34. 바람이 분다 바람이 분다

거짓의 애정 없는 난사가 시작되자
어두운 그림자도 재빨리 움직인다.
성난 언어가 무기가 되어 성은 무너지고 있다.
피 흘리고 정신을 잃는 수가 늘어간다.
한꺼번에 구호 요청이 몰린다.
하지만 창고는 바닥이 났다.
식량도 떨어지고, 물품도 줄었다.
얼마나 버틸 수 있을까 싶은데
호소할 데는 오직 한 곳, 하늘뿐이다.
애써 두 손을 모으려는 데
불청객이 들이닥친다. 아이구야.
빚바랜 욕심도 틈을 엿보며 청구서를 내밀 양이다.
눈을 감고 거짓 것들에 대해 과감히 문을 잠근다.
온갖 생각이 방망이질을 한다.
갑자기 몸이 쑤신다.
자, 우리 모두 혼비백산을 벗어나
거룩한 지리로 나아가자
경건이 앞장 서 숲길을 연다.
절룩이며 들어서는 데
바람이 분다. 바람이 분다.

35. 지금 난 한 가지 생각뿐이다

입동
오늘은 작정하고 비를 대동하고 찾아왔다.
나무는 이미 비에 흠뻑 젖었는데
바람은 정신없이 남은 잎을 후려친다.
얼굴이 찢기고 피가 낭자하다.
고문이 따로 없다.
나무가 무슨 잘못을 했단 말인가.
나무가 너무 불쌍하다.

입동이 입을 비쭉이며 호통을 친다.
너무 불쌍히 여기지 마세요.
그래야 나무도 나이 먹고 강해져요.
저는 단련을 시키는 것뿐입니다.
다 나무를 위해서죠.
겨울은 인정사정없다.

지금 난 한 가지 생각뿐이다.
저 나무에게도 옷을 입혀야지.
그래야 이 긴 겨울을 나지 않겠느냐.

36. 하루가 더 값지게 하소서

하루가 시작됩니다.
이 고운 하루를 넉넉하게 받으며 감사하게 하소서.
어떻게 살아갈까 걱정하기보다
당신과 함께 걸을 것을 생각하며 가슴 뛰게 하소서.
세상이 좁다고 말하는 대신
우리가 맞댈 시공이 아름답다 말하게 하소서.
하늘을 바라보며 꿈을 갖게 하시고
함께 날아갈 그 때를 모두 기다리게 하소서.
가난하여 줄 것이 없다 해도
가슴을 열어 이웃을 부유하게 하소서.
정직을 자산으로 삼으며
따뜻함이 살아 숨 쉬게 하소서.
연약한 생각이 우리의 둔덕을 무너뜨리려 해도
그것을 막아낼 힘을 주소서.
우리의 미소가 옅어지지 않게 하시고
지는 해에도 손 흔들 여유를 갖게 하소서.
우리가 당신 안에 있고 당신이 우리 안에 있어
하루가 더 값지게 하소서

37. 그래도 경고는 안색을 바꾸지 않으며

거리를 거닐다
가끔씩 부닥칩니다.

“이곳은 민원다발지역입니다. 금연해주세요.”
“담배꽁초 투기 금지”
경고입니다.
그런데 나는 절대 담배를 피우지 않습니다.

“외부차량 주차금지”
하지만 난 차도 가지고 있지 않습니다.
“무단투기 금지”
나는 아무것도 가지고 있지 않습니다.

그래도 경고는 안색을 바꾸지 않으며
지나가는 나를 놓아주지 않습니다.
“금지야, 금지, 알간.”
무섭게 소리까지 칩니다.

저야 움츠러들 수밖에요.

내가 무엇을 잘못했을까 생각해보고
오늘 잘못 나온 걸까 스스로 묻기까지 합니다.
거리는 지금 잔뜩 화가 났습니다.

38. 이젠 산도 오르고 평원도 달려라

선두를 따라 가던 굼벵이가
하루는 게처럼 옆으로 걷기 시작했다.
선두는 뒤가 허전하다며 굼벵이를 따라 나섰다.
그래서 모두들 옆으로 가는 법을 배우게 되었는데
동네 사람들도 그들을 따라 옆길을 좋아하게 되었다.
길목에서 떼를 이루며 미끼를 물어가던
개미들도 짓밟힐 신세가 되자
방향을 틀어 땅속에 터를 잡기 시작했다.
그러자 몇몇 짐승들도 덩달아 기어들었다.
지금은 땅만 파다 눈먼 녀석도 있고
그것만이 세상인줄 착각하고
빛을 차버리는 녀석도 있다.

사는 것이야 어디 정답이 있을 손가
그래도 순리대로 살면 그것으로 좋으련만
남 따라 살다 길 잃고
삶이 주는 맛까지 잃게 되었다.
이제 굼벵이 탓을 해서 무엇 하랴.
내가 누구인줄 모르게 되었으니

누굴 나무랄 수도 없다.
사람들아, 이젠 산도 오르고 평원도 달려라.
네 실력이라면 겁날 것 없지 않느냐.

39. 사랑의 시그널이 올라올 때

돈으로 행복을 사려하지만
그것으로 몇 푼어치 살 수 있겠나.
돈으로 통째 바꿀 수 없다는 것은
삼척동자도 다 아는 일인데
어디서 구린 것으로 행복을 꾸려하는가.
아예 생각을 접게나.

너의 주소는
이 땅에서 저 하늘 너머를 바라보고
어두운 지금에도 불구하고 미래를 향해 밝게 웃으며
우리 모두가 마음으로 기뻐하는 나라로
갈 때를 기다림이 아니던가.

네 속에 그것이 보이지 않는다면
지친 생각을 접고 다시 시작하게.
몸 뒤척이며 가누지 못한 것들에 대한 회한 따윈 접고
더럽혀진 것들을 지우며
하늘로 훌쩍 날아갈 준비를 하게.
네가 선 땅이 거룩해지는 날

모두가 기뻐하고 또 기뻐할 수 있을 걸세.

그 일이라면 오늘 바로 시작하게.
내일이면 효력이 다할지 모르니
사랑의 시그널이 올라올 때
그 순간을 놓치지 말게.

40. 그래 훨훨 날거라, 시야

시 한 줄 그려놓고 한 참 바라본다.
아픈 구석도 보이고
애써 감추려는 것도 있고
부끄러워 살짝 구석에 밀어 넣은 것도 보인다.
그래도 겨울 아랫목 같은 따뜻함이 살아있어
손으로 만져보며 웃음을 짓는다.
모두 다 이번엔 춥고 가슴 시린 일이 많다고 하는데
난 아직도 시를 안고 산다.
그것이 나에게 무엇을 선사할지 모르지만
난 한 번도 그것에 기댄 것을 후회하지 않는다.
그래, 오늘도 난 시를 한 묶음 엮어 보냈다.
언제, 누가 그것을 열어볼지 모르지만
그것은 내 삶의 비밀 코드가 되어
나를 만나게 할 것이다.
그 때 난 한 편의 시가 되어 광장에 설지 모르지.
비둘기들이 모이를 찾듯 내 곁에 와서
내 눈을 맞추며 구구구 노래할 것이다.
그러면 시 한 잎씩 물고 날게 할 것이다.
그래 훨훨 날거라. 시야.

41. 생각하는 걸음은 한 걸음조차 무겁다

아침은 늘 기지개를 켜며 일어난다.
몸을 세우고 뒤틀며 거대한 우주를 들어올린다.
거룩한 걸음이 시작된다.
조심스럽게 지구의 한 껍질을 밟으며
깊은 숨으로 밤새 익은 공기를 들이킨다.
아, 그것은 부름이었어.
나는 보이지 않는 소리를 따라 걷는다.
세상의 목소리가 조금씩 들린다.
도망치듯 사라지는 사람들을 향해
어디로 가는 것이냐 묻지도 못했다.
애써 답을 얻으려 한 것이 아니니 아쉬운 것은 없다.
겹겹 구릉진 언덕을 조심조심 오르며
생각하고, 또 생각한다.
생각하는 걸음은 한 걸음조차 무겁다.
오늘은 그와 더불어 시작한다.
그래, 끝까지 가자.

42. 지나친 것들에 대한 회한이 밀려올 때

가끔 지나친 것들에 대한 회한이 밀려올 때
입술은 고백부터 하려 들고
마음은 아직도 정리되지 못한 감정 때문에
주저, 주저한다.
한쪽에선 놀랄 일도 아닌데 그게 뭐 대수라 하고
다른 한쪽에선 양심까지 들먹이며
그럴수록 더 선명해야 한다고 한다.
순간은 이쪽저쪽을 오가며 나를 달아본다.
대쪽이 강해보이는 것 같지만 부족함이 크고
온유랄 것까지 없지만 순한 자리를 펴면
그래도 낳을까 싶어 그렇지, 그렇지 한다.
정리도 쉽지 않다.
오늘은 그저 파란 하늘 건너편으로 가서
이름을 크게 불러보자.
그러면 손을 흔들며 나타날지 모르지.
그 때 과감히 묻는 거야.
넌 어떻게 사니.

43. 하지만 새로운 해가 그 모두를 안고

십이월 끝자락에 크리스마스가 있습니다.
하늘이 우리와 함께 하신 날
놀랍도록 영광스러운 날
이 날의 기쁨을 당신과 함께 하고 싶습니다.
당신이 하는 일늘 속에서
그리고 함께하는 사람들 속에서
큰 기쁨의 종소리가 올려 퍼지기를 기원합니다.

이 달이 가면 새로운 해가 시작됩니다.
가는 해가 무겁고 힘든 짐을 내려놓겠지요.
하지만 새로운 해가 그 모두를 안고
힘 있게 달려갈 것입니다.
그 때 우리는 목소리를 높여 격려하고
당신이 흘릴 땀을 보며 자랑스럽게 생각할 것입니다.
우리 모두 안에 함께 하는 이가 있어
우린 결코 외롭지 않습니다.
그 속에 당신이 있어 힘이 솟습니다.

44. 너와 나 사이에서

먼발치에 있어
남들은 멀다 해도 좀처럼 멀지 않은
아니 늘 더 다가가고 싶어서
구름 낀 날에는 작은 우산이 되고
햇빛 든 날에는 미소로 떠
잠든 나를 깨우는 너로 인해
나는 조금씩 거듭날 수 있었다.

어제가 더 이상 어제가 아니고
오늘이 더 이상 오늘이 되지 않은 시간에
마음 문 활짝 열어 놓고 소통하며
일상의 지루함을 지우고
고개를 들어 하늘 바라보고, 또 바라보면
그 사이를 뚫고 쏟아지는 은혜의 순간들
그것이 우리에겐 새 살이 된다.

이 헝클어진 세상
기대할 것이 전혀 없는 세상에서
그래도 오늘이 덩실덩실 춤을 출 수 있는 것은

새로운 세계가 태어나기 때문이다.
너와 나 사이에서

45. 완행의 맛

기차만 타면 빨리 닿을 줄 알았다.
알고 보니 완행열차였다.
밤새 달려도 아직 들판을 벗어나지 못했다.
달리고 또 달리던데
인생이 완행인 것을 훗날에 알았다.
아직도 끝이 보이지 않는다.
얘야, 뭐가 그리 급하냐.
할머니의 소리를 먼저 들었어야 하는데
할머닌 벌써 가셨다.
기다릴 수 없으신 것으로 보아
다른 차를 타신 게 틀림없다.
시간이 가면 뭔가 달라질 줄 알았다.
그런데 좀처럼 변하지 않는다.

오늘따라 구름조차 쉬고 있다.
나무는 난 자리에서 비켜설 줄 모르고
오후도 마냥 졸고 있다.
모두 완행열차를 타고 있는 게 틀림없다.
급행은 언제 오나.

목을 길게 빼며 기다리는데
완행열차가 한 소리 한다.
완행의 맛을 모르는구먼.

46. 두근대는 마음에 눌려 서툰 고백이 된다 해도

조금은 아주 먼 곳에서, 조금은 가까운 곳에서 이 소리, 저 소리가 들려온다. 물 길질 소리 같기도 하고, 먼 옛날 첫 목소리의 주인공 속삭임 같기도 하고. 그래서 난 두리번거린다. 넌 무엇을 말하려는 것이냐.

그 소리를 다 들을 수 없지. 아다지오로 가다가 안단테로 가는, 저 깊은 계곡에서 쓰윽 밀려오는 소리들인데. 그것은 어느 순간 송가로 피어날 전주곡인지 모르지. 그래도 그 소리에 아무도 놀라거나 아프다는 말은 하지 않으니 다행이다.

조용히 앉아 다음 곡을 기다리면 어디선가 피아노 소리가 들려와 마음 바닥을 툭툭 건드린다. 어떤 모양으로든 큰 소리 치지는 말거라. 가다보면 돌부리에 넘어질지 모르는데 부러 놀래 키면 안 되지.

이 추운 겨울이 가기 전에 한 줄기 빛 소식을 전하렴. 이젠 모두 차분히 앉아 들을 준비가 되어 있어. 팡파레가 울리면 커튼이 오를 거야. 내 마음의 검은 천까지 오르면

제5막의 놀이가 시작된다. 무대가 몇 막으로 끝나든 상관하지 마. 시작과 끝이 있을 것이니.

그 사이는 소리로 가득 채워질 거야. 난 먼저 네 소리를 기다리기로 했다. 정확히 너에 눈을 맞추고, 너를 향해 귀를 열 것이다. 그것이 고백이 될지 어찌 알랴. 두근대는 마음에 눌려 서툰 고백이 된다 해도 그것은 바로 내가 듣고 싶은 소리일터. 작은 기도가 하늘을 향해 날고 있다.

47. 우린 왜 질문만 하며 살까

검증은 되었나?
결코 새롭지 않은 새해의 결심이 자꾸만 되풀이된다.
누구에게 물을까?
사람은 많은 데 정녕 대답해 줄 사람이 보이지 않는다.
뉴스는 과연 새로울까?
더 이상 뉴스가 아닌 뉴스를 뒤적인다.
질문도 깊이를 요구할까?
무게감 없는 답에 숨이 막힌다.
감사는 왜 순서가 늦을까?
감이 오는데 시간이 걸리겠지.
거짓이 왜 말을 하나?
진실과 가까운 척 해야 하니까.
사랑은 왜 그립다 할까?
그리움의 그림자를 무겁게 달고 다니기 때문이지.
오늘은 왜 허락도 없이 가는가?
태양을 세울 능력이 있다면야 오늘도 세울 수 있겠지.
우린 왜 질문만 하며 살까?
세상사 답답해서 그런 것 아니겠나.

48. 내 언제 그 강에 배를 띄우리라

새로움은 태어나는 것이 아니라는 데, 넌 자꾸만 머리를 흔들며 뭔가를 토해내려 한다. 가능성이 전혀 없는데도, 그렇게 하는 것은 믿는 구석이 있어서 그런 것 아니겠나. 세월이 가면 강산도 변한다는데, 그 정도는 믿어줘야 뭔가 얻을 수 있겠지. 참고 기다리자.

변화는 자꾸 놀라움을 주려하지. 며칠 째 흐른 날씨로 하늘은 숨길 것이 많다 싶었는데, 오늘 아침엔 그 큰 커튼을 열고 파란 얼굴을 보여주었다. 그것이 왜 파란지 알 수 없지만 왠지 그 나라에도 깊은 강이 흘러가는 것 같다. 내 언제 그 강에 배를 띄우리라.

이젠 조리던 마음일랑 가슴 풀어 식히고, 내일을 조심스럽게 맞자. 너무나 바빠 눈인사조차 하지 못한 미안함이 문가에서 서성거릴지라도 너를 보는 것만으로도 속하니 나른 밀은 히지 않아도 된다. 우리가 언제 그런 섯 따진 일 있는가. 오늘은 네가 있이 좋다.

49. 소원이 하늘로 올라갔으니

아홉시 반에 집을 나섰다.
전철역까지 십 분을 떼 주었다.
나는 하루에도 이곳저곳에 시간을 투자한다.
아직 시간은 남아 있다.
하지만 남은 것을 어디에 쓸까 묻는 사람은 없다.
너도나도 시간을 들고 서 있으니 그럴 수밖에 없다.
걸어가면서 하늘에 묻는다.
혹시 관심은 없으시나요.
하늘이 팔을 내밀며 청구서 한 장 내준다.
그 위에 글을 쓰자 모두 구름으로 변했다.
소원이 하늘로 올라갔으니 답이 올 것이다.
그 때까지 두 손에 시간을 꼭 쥐고 있을 생각이다.
간밤에 스키 타는 꿈을 꾸었지.
하얀 들판 길을 얼마나 신나게 달렸는지
그런 경험은 난생 처음이었다.
가능하다면 제2편을 주문할 생각인데
순식간에 손에 들고 있던 시간은 날아가고
덜렁 차표 한 장이 쥐어졌다.
어디로 가는 표일까.

시간이 아까운 만큼이나 다음 역이 기대된다.
나는 거기서 무엇을 만나게 될까.

50. 희망은 자유다

지금은 어둠이 점령한 도시 한 복판에서 두려움과 초조가 삶이 되어버린 세상을 물끄러미 바라보며 한 문장을 묵직하게 꺼내본다. "여기서 삶은 무엇일까?" 의미를 찾기까진 꽤 시간이 걸릴 듯한데, 여기저기서 불빛으로 나에게 답한다. 그렇지, 삶은 결코 실망하지 않는데 가치가 있어.

학생들이 썰물처럼 빠져버린 교정에 들어서면 전광판만 나를 맞는다. 빨간 글씨는 경고성이 강하고, 파란 색은 중요한 일과를 밝혀준다. 읽을 사람이 나밖에 없는데도, 녀석은 끊임없이 말을 토하며 읽으라 한다. 꽤나 외로운 가보다. 그러지 말고, 나와 대화를 하면 어떨까. 안 그래? 고개를 넘을 때마다 숨이 찬 것은 또 다른 고개가 보이기 때문이다. 자꾸 오르다 보면 종착지가 있을 법한데, 아무도 그곳이 마지막이라는 생각을 하지 않는다. 그래서 자꾸 다음 페이지를 연다. 그곳에 가면 뭔가 새로운 것이 있겠지. 희망은 자유다. 그것을 안고 가고 싶어 하는 한.

51. 법이 그래서 필요한 것 아니겠나

하늘 중간쯤에 집을 짓고 살던 녀석들이
오늘은 우르르 땅으로 내려와서 주변을 살핀다.
어느 누구도 내 땅이라 한 적이 없는 나라여서
그들에게도 자유를 주었다.
그런데 일부가 고집스럽게 차지하려 한다.
울타리를 치고 가시철망을 두른다.
토지에서 쫓겨난 이들이 피난 행렬을 이룬다.
어디든 욕심쟁이가 있기 마련이지만
도가 심하면 함께 살 수 없다는 것을 왜 모를까.
너희는 이곳에 살 자격이 없어.
법이 일어나 그들을 모두 옥으로 보냈다.
그래, 그곳에 가면 내 땅 네 땅 가르며 살지 못하겠지.
감옥이 너희를 토해놓지 않는 이상
세상은 조용할 것이다.
법이 그래서 필요한 것 아니겠나.

52. 금시와 초문

그가 왜 이 자리에 서있는지 아무도 모른다.
누구도 알려하지 않는다.
하지만 이것은 너무나 확실한 비밀이어서
금고에 꼭꼭 숨겨져 있다.
아마 구름이 몇 번 뒤집히고 털갈이를 한 후
한번쯤 짚어 보려는 사가(史家)가 태어날지 모른다.
그 때 사람들은 말하겠지.
금시초문이다.

그가 지금 왜 웃고 있는지 아무도 모른다.
그 웃음 뒤에 얼마나 깊은 아픔이 배어있는지
아무도 읽지 못한다.
그것을 알려하는 사람도 없다.
사는 것이 그렇지 뭐.
베니스에 중세의 배를 띄운다고 누가 신경 한 줌 쓰던가.
하지만 세월이 거품처럼 빠져나가 후
그 웃음이 화석으로 굳어있을 즈음
한 촌부의 예리한 눈에 읽혀질 때
사람들은 말하겠지.

금시초문이다.

그 뒤로
금시와 초문은 부부가 되었다.

53. 함께 자리하는 것만으로도

흩어진 구름들이 다시 모여든 것은
잠시 휴식을 허락했기 때문이다.
친구들이 궁금한 데다
그 중엔 입담 센 녀석이 있어
자석처럼 합석하기를 반복했기 때문이다.
그렇게 해서 구름 회의가 시작되곤 했다.

참새들이 한 자리로 모여든 것도 그 때였다.
먹을 것이 있기 때문이겠지 했는데
어디에도 밥상이 보이지 않는다.
그래도 맛있게 쪼아 먹는 것을 보니
하늘이 나도 모를 밥상을 내리는가 싶다.
물어보려 하면 모두 도망가 버린다.
그러다 다시 몰려든다. 정말 알 수 없다.
답이 궁금할 땐 질문들을 띄워본다.
그러면 애써 답을 주려는 자들이 나타나고
그 곁에서 구경을 하려는 사람도 생긴다.
때론 이 소릴 왜 내가 들어야 하는데
소리 지르는 사람도 있다.

하지만 모여든 사람으로 인해 난 기쁘다.
이 풍진 세상에서 함께 자리하는 것만으로도
그 가치는 셀 수 없지.

54. 세상이 시를 버렸어요

시를 시장에 내놓는 사람은 없다.
시장은 시를 파는 곳이 아니기 때문이다.
그런데 어떤 시는 날개 돋친 듯 팔린다.
입으로 옮기다 못해 가슴에 달린다.
어떤 것은 벽에 그림처럼 걸리기도 하고
광장의 걸개에 구호처럼 나부끼기도 한다.
어떤 것은 전철 방호벽에 찰싹 붙어있기도 하고
등산로 입구에 간판처럼 서 있기도 하다.
시가 온 나라를 점령했구나 싶어 반갑고
때로는 그것을 읽는 기쁨도 쏠쏠해서
시에게 윙크를 보냈다.

그런데 오늘따라 시의 반응이 시큰둥하다.
의외다 싶어 시에게 물었지만 그만 입을 닫는다.
그 모습이 쓸쓸하기까지 해서 두려울 지경인데
무지개가 원을 그리며 속삭인다.
"시를 사랑한다면 그럴 순 없지요.
지금 시는 병든 지 오래입니다.
세상이 시를 버렸어요.

너무 값싸게 여긴 겁니다."
아니, 뭐라고요.

55. 1, 2, 3, 4, 5

1.
자연은 말이 없다.
그러나 많은 말을 한다.
세상을 꽉 채울 정도로

2.
구름 한 점 없는 겨울 하늘
오늘따라 나무도 만세를 부르고 있다.
검게 타버린 목소리로.

3.
죽어가던 꽃들을 살렸다.
꽃은 노란 웃음으로 보답한다.
사랑하면 달라진다.

4.
어린 순이라 얕보지 마라.
작은 것이 큰 것이 되고
어느 날 세상을 들어 올리는 팔이 되리니

5.

뭔가 남기고 싶거들랑
하늘에게 말하렴.
무한한 공간을 너에게 줄 것이니.

56. 겨울은 겨울다워야지

칼바람이 겨울을 마구 쏟아낸다.
누구도 피할 수 없다.
저항할수록 오히려 거세다.
아침빛이 담 구석에 몰아 달래본다.
양보를 했는지 목소리가 낮아졌다.
그래도 강한 시선은 우리를 놓지 않아
두려움이 깊다.
거리의 온도계가 여기저기서 정보를 준다.
그 때마다 서로를 지키려는 강도는 높아진다.
산은 이미 겨울에 항복한 채
깊은 잠에 빠져있다.
누가 저 폭력을 막을 수 있을까.
가끔 빛이 얼굴을 보이며 겨울을 다독여보지만
물러날 기미는 없다.
어인 고집이냐 물어보면 다 널 위해서란다.
우리에게도 고통이 필요하다는 것인데.
그 섭리를 우리가 어찌 알까.
하지만 그것도 사실일 수 있지.
그래서 사람들 사이에 말이 돌기 시작했다.

겨울은 겨울다워야지. 오히려 감사해야지.
그 말에 칼바람은 더욱 신나
오늘도 이 골목 저 골목을 누비며 기세등등하다.

57. 난 지금 여기에 만족하는 보통 사람이다

"신은 천국을 만들기 전에 모리셔스를 만들었다."
우리 섬이 최고이니 어서들 오라, 오라 한다.
손짓하는 사람이 궁금하다.

"맛없는 음식을 먹기에 인생은 너무 짧다."
맛이라면 우리가 최고이니 두 말 말고 오라, 오라 한다.
무슨 맛일까.

"Life is too short to drink bad coffee."
커피 점 입간판도 오라, 오라 한다.
커피도 유혹을 한다.

모리셔스를 가보지 못했고
최고의 맛 집도 알지 못하며
커피의 유혹도 피했다.

하지만 길게 호흡하는 너를 기뻐하고
정 깊은 말에 환호하며
별이 길게 드리운 날 창가에 앉아 봄을 즐겨 마신다.
난 지금 여기에 만족하는 보통 사람이다.

58. 넌 자는 체 하면서 천체의 움직임을 읽고

나무가 몇 달째 겨울잠을 자고 있다.
가까이 가도 아는 체 하지 않고
만져 보아도 끔쩍도 하지 않는다.
잎까지 훌훌 털어내고
하늘을 향해 가지를 손처럼 폈다.
숨은 쉬고 있는 건가.
그래도 난 알지.
깰 때가 되었다는 걸.

넌 자는 체 하면서 천체의 움직임을 읽고
땅 속에서 영양을 빨아들이며
바람과 해와 구름에 통신망을 연결해
온갖 정보를 축적하고 있다.
그리곤 때가 되면 내가 언제 그랬냐는 듯
발산을 하겠지.
왜 내가 그것을 모르겠느냐.
넌 세침때기라는 것을.

내 오늘은 눈을 감아줄 터이니
내일은 나와 얘기하자꾸나.

59. 그 때 우린 진실을 부둥켜안고

하늘이 마지막 신호를 보낼 즈음
넌 그것을 읽을 수 없을지 모른다.
총명이 빛을 잃고 초점이 흐린 눈으로
딴 소리한지 꽤나 되었다는 것을
이젠 알아버렸지.
세상을 속일 수 있을지 몰라도
우리 모두를 속일 순 없지.
누군가는 진실을 알고 있으니까.

바람이 불면 꽃들이 먼저 일어난다.
먼지를 털어내며 우리를 향해 말을 건다.
무엇을 말하려는지 아무도 모른다.
하지만 그 세계에 도통한 나무들은
그 언어를 익힌 지 오래다.
우리야 통역사를 고용할 수 없고
어느 누구도 그것까진 욕심내지 않는다.
사실을 말하려는 것이니 애탈 필요도 없다.
진실은 향기처럼 남는 것이니까.

우리의 함성이 시작되었다.
그 소리가 춤을 추며 멀리, 멀리 가는 날
봄이 먼저 반응을 할 것이다.
거짓은 꼬리를 내리고 어둠 속으로 숨어들겠지.
그 때 우린 진실을 부둥켜안고 눈물을 쏟을 것이다.
꽃은 마냥 향기를 뿜어대겠지.
우린 이겨낸 게야. 그 긴 고통을.

60. 그만, 그만 오늘은 참 슬프다

우리가 애써 골목을 비집고
그곳을 찾은 것은
아픈 자가 있기 때문이다.
궁금한 자는 샘을 파고
따뜻한 말 한마디라도 주고 싶어 한다.

그런데 오늘은 주인장이 홀로 우리를 맞는다.
잘 지나시나요?
그 말에 주인은 울컥 울음을 쏟아낸다.
그 말의 뜻을 그는 이미 알고 있었다.

고통 가운데 오래 머물러 있었어도
살아있어 좋았는데
갑자기 기대의 둑이 무너지고
코로나로 인해 얼굴조차 보지 못한 채
마지막 인사도 하지 못했단다.
부부간에 이런 생이별이 또 있을까.

생각만 해도 삶이 서럽고, 무섭다.

눈물의 강에 무엇으로 한 줌 위로를 풀 수 있을까.
그만, 그만
오늘은 참 슬프다.

61. 남의 땅에 들어와 뭐하는 짓들이냐

밤사이 침략군들이 떼 지어 들어왔다.
곡식 창고에 불이 붙고
이곳저곳 할퀸 자국이 선명하다.
도시가 울고 있다.
혼비백산 도망하기 바쁜 걸음도 있지만
숨을 곳도 보이지 않는다.
나라도 지키지 못하면 통째 흔들린다.

어찌 그뿐이랴
뿌리 채 뽑힌 나무들이 숨을 헐떡이고 있다.
해바라기는 얼굴을 감싸고
오늘은 내일을 약속하지 못한다.

다들 이것은 아니라 하는데
포악을 거둘 줄 모른다.
침략하지 않겠노라 공언하면서 침략을 하고
사람을 존중한다 하면서 인명을 값없이 여긴다.
침략자의 말은 믿을 수 없다.

너희들 남의 땅에 들어와 뭐하는 짓들이냐.
아낙의 호통에 하늘이 쩌렁쩌렁하다.
그러니 이 땅의 주인이 아닌 자들이여
남의 것을 내 것이라 하지 마라.
하늘이 무서운 줄 알아야지, 하늘이

62. 세상은 결코 호락호락하지 않고

몸집 큰 것들이 한꺼번에 몰려와
조용하던 숲과 들을 그만 쑥밭으로 만들었다.
나무는 통으로 무너지고,
가지는 풀잎처럼 꺾였다.

악랄함을 곱게 봐줄리 없는 작은 것들이
반격을 시작했다.
이 세상이 어찌 너희만의 것이다 더냐.

혼줄 빼놓는 작전이 전개되고
생각의 표지까지 없애 혼돈의 막이 쳐진다.
그 사이 공격조가 소리 없이 나타나
아예 판을 흔들어버린다.

시간이 갈수록
덩치 큰 녀석들의 얼굴이 일그러진다.
힘 한 번 쓰려다 상처만 깊게 났으니
어찌 목발 짚고 집으로 돌아가겠는가.

그러게 내가 뭐랬나.
세상은 결코 호락호락하지 않고
덩치 믿고 함부로 나설 일이 아니네.
그러니 이젠 자네부터 다스리게.

63. 하늘의 시선은 지금 어디로 향해 있을까

목마른 산, 속까지 바싹바싹 타든다.
나무들도 움을 티지 못한 채
마지막 한 모금을 고대하고 있다.
모두 하늘을 바라보며 봄비를 기다린다.
그만큼 살고 싶은 것 아니겠나.
하늘은 마침내 창고를 열었다.
비가 온 대지를 쓸고
메마른 껍질마저 포근하게 적신다.
여기저기서 벌컥벌컥 들이키는 소리가 요란하다.
기도는 하늘을 움직이는 힘이 있다는데
하늘이 응답한 것 아니겠나. 감사하다.

그런데 밤을 찢는 포 소리에 놀라
두려움을 꼭 안고 사는 사람들이 지구 저편에 있다.
끼니와 추위 걱정보다 죽음이 더 가까운 현실이 무섭다.
사람이 왜 사람을 공격할까. 그것도 무참하게.
그 긴 기다림에도 불구하고 평화의 소식은 아직 없다.
급한 타전에도 응답이 없다.
그래서 우리의 응집된 관심은 온통 그곳에 맞춰있다.

그 땅에 언제 봄이 올까. 그 때까지 살아있을까.
하늘의 시선은 지금 어디로 향해 있을까.

64. 그래 오늘은 이 정도에서 끝내자

친구 '어쩌면' 이 문을 두드린다.
커피와 한 조각 빵으로 만족하는 친구라
굳이 부산을 떨지 않아도 된다.

'아이쿠' 도 갑자기 찾아왔다.
가끔 깜짝깜짝 놀라게 하는 끼가 있어
무슨 말을 해도 가슴을 졸여야 한다.

'그러게' 도 느린 박자로 말을 걸어온다.
녀석은 뒤끝이 센 편이라 말을 조심해야 한다.
한 대 맞지 않으면 다행이다.

'여기까지야' 가 선을 긋는다.
어차피 하루를 마감해야 하니
굳이 아쉬운 마음은 없다.

'그래도' 가 아무 말 없이 손을 잡아준다.
긴히 할 말이 있는가 싶었는데
끝내 입을 다문다.

하늘이 커튼을 내렸다.
그래 오늘은 이 정도에서 끝내자.

65. 다시 걷는 거야

관심이 졸고 있다.
어제만 해도 정신이 없더니
지금은 낭떠러지에 앉았다.

한 발짝이라도 빗겨간다면
어찌 된다는 것은 너도 알 것이다.

잠을 깨울지
아니, 다시 눈을 뜰지
모두가 지켜본다.

생각이 실눈을 뜬다.
살아야지.
삶처럼 아름다운 것이 있을까.

가슴에서 작은 등 하나 켜진다.
새벽이 열린다.

다시 걷는 거야.

66. 봄이 왔으나 향기가 없는 이 시대에

항아리는 왜 늘 배가 부를까.
많이 먹어 부른 거야 물어볼 필요도 없지.
하지만 쫄쫄 굶었는데도 부르다면 말이 다르지.
해탈은 아무나 하는 것이 아니다.
어찌 사나 궁금하다.

산은 늘 거기에 앉아있는 이유를 모르겠다.
가끔씩 자리 내주고 놀러가도 좋으련만
바람이 밀어도 꿈쩍하지 않고
안개가 휘감아도 놀라지 않는다.
몰래 보석을 숨겨놓은 것이 틀림없다.

항아리는 늘 입을 벌리지만 말 하는 법이 없다.
오늘따라 산도 멀찍이 서있다.
천지가 조용한데 밤새 온 동네가 꽃 천지다.
무엇을 말하려는 것일까.
봄이 왔으나 향기가 없는 이 시대에.

67. 보이지 않는다고 보이지 않는 것이 아니다

바람은 보이지 않는다.
하지만 나는 늘 바람을 본다.
작은 잎의 흔들림에서 등마저 휘는 아픔까지
빨래 줄에 걸터앉아 흔들어대는 앞치마에서도
나는 그를 본다.
보이지 않는다고 보이지 않는 것이 아니다.
때론 내 귓가를 만지는 그 손까지 살짝살짝 느낀다.

다들 하나님은 보이지 않는다고 말하지.
하지만 나는 너를 통해 그분을 본다.
겸손하게 무릎 꿇고 기도하는 모습에서도 보고
아픈 이를 향한 너의 가슴 속 깊은 말에서도 본다.
때로는 가난한 자에게 손을 내미는 그 끝에서도 보고
남몰래 눈물 훔치는 너를 통해 그분을 본다.
보이지 않는다고 해서 보이지 않는 것이 아니다.

먼저 하늘로 가버린 친구도 보이지 않지.
하지만 나는 자주 그를 본다.
카페를 지날 때 그는 그림자처럼 떠오르고

그와 함께 마셨던 커피에서 그는 향처럼 피어오른다.
오늘 그리움으로 만나고, 내일 만남을 약속한다.
보이지 않는다고 보이지 않는 것이 아니다.

68. 그 순간 우리는 손을 잡을 것이다

돌아선다.
이젠 눈 감고 그대로 가는 거다.
좌우 걱정은 지우개로 지운지 오래다.
치우침은 너무 가벼워 버리기로 했다.
놀랬다고 하지 마라.
그렇다고 해서 생각을 바꾸는 일은 없을 것이다.
거짓이 얼마나 게걸스러운지 안다면
다시는 그것과 사귀지 않을 것이다.
욕심도 나의 친구가 될 수 없다.
정직을 담아 노래할 수 있다면
너의 상처 난 날개를 펴게 할 수만 있다면
우리 모두 다시 웃을 수 있을 것이다.
기운 것을 바로 세우기 어렵다 해도
당장엔 어떤 도움이 되지 않는다 해도
더 이상 후회를 미련처럼 달고 다니지 않으리라.
내가 눈을 감는 것은 어둠에 대한 것
빛이 쏟아지면 다시 눈을 뜰 것이다.
그 때 천둥이 땅을 갈아엎겠지.
그 순간 우리는 손을 잡을 것이다.
기쁨을 넘어 감격으로.

69. 질문 하나 풀기가 그렇게 어렵던가

항공사에 문의하러 전화기를 들었다.
대기 8분이면 통화가 가능하다더니
족히 30분을 넘었다.
같은 메시지가 수없이 반복된다.
"죄송합니다. 모든 직원이 통화중이오니
잠시만 더 기다려 주십시오."
넌 지치지도 않니?
팔에서 힘이 한 줌 한 줌 빠져나간다.
기다림이 이런 건가
죄송하다니 어쩔 수 없지.
하지만 잠시가 자꾸만 실처럼 길어져
기대가 빼빼 말라가고 있다.
사람 목소리가 그립다.
언제 그 소리와 만날까
마음이 반쯤 썩어들 즈음
신호음이 들리고 바로 연결된다.
"여보세요."
질문 하나 풀기가 그렇게 어렵던가.
바다 건너 손자 보기 쉽지 않다.

70. 나는 멀리 있어도 너와 함께 있고

시가 토라졌다.
쳐다보지도 않는다.
인사도 받지 않으니
꼬인 심사를 어찌 풀거나.
바빴다는 핑계는 접기로 했다.
그냥 시의 창문에서 너풀거리는 바람에
봄을 적셔 미친 듯 확 뿌려본다.
향기가 곡선을 그리며 사방으로 흩어진다.
시는 눈이 부신 듯 잠시 고개를 젓더니
이내 나를 뚫어지게 바라본다.
내 심사를 알았으니 모른 체는 안 하겠지.
그 자리에서 한 수 적어
파란 하늘에 쭉쭉 써내려 간다.
구름이 곁눈질하며 바라본다.
시가 시샘하듯 금방이라도 춤을 출 기세다.
그래 내가 뭐랬니.
나는 멀리 있어도 너와 함께 있고
가까울수록 네가 더 크게 보이니
너는 바로 내가 아니겠느냐.

시의 입 꼬리가 달라진다.
그래 마음 다잡고 시 한 수 떠 올려라.

71. 그 사이에 꽃들은 연지곤지 바르고

들판에 서자
작은 싹들이 여기저기서 말을 건다.
그 언어를 어찌 알 수 있을까만
꽃들은 나팔을 불며 기뻐한다.
하늘이 새 날을 연다.
그 속에 내가 있다.
온 들판에 꽃별이 떴다.
별은 밤하늘에만 뜨지 않는다.
하얀 별, 남색별, 분홍별, 온갖 별들이 총총하다.
내가 어찌 이 사치를 누릴 수 있을까.
푸른 잎들이 노래를 부르기 시작한다.
무슨 노래인지 알 수 없지만
거대한 합창이 끝이지 않는다.
그 사이에 꽃들은 연지곤지 바르고
유혹하기 시작한다.
꽃의 환영사가 아직도 끝나지 않았다.
난 너에게 무엇을 줄 수 있을까
자꾸만 마음이 분주하다.

72. 그날따라 오후가 빛나고 있었다

'조금' 은 몸을 완전히 드러내지 않는다.
늘 비스듬히 틈을 낸 자리에 숨어
아주 낮은 소리로 우리를 부르곤 했지.
난 그것이 부끄러움인 줄 알았다.
하지만 당당하기 그지없는 모습에 놀라
가슴을 쓸어내린 적도 있다.
그 조금이 오늘 나를 찾아왔다.
옷은 정중함으로 입고
두 손은 겸손을 모았다.
부탁할 일이 있어 찾아온 것이겠지.
그런데 그것도 아니다.
숨길 수밖에 없던 과거를 회개하고
교만한 자기를 청산하려 든다.
용서랄 것까지도 없어
내사 손 내미는 것으로 족하겠다 싶어
팔을 펴는데
조금은 긴 햇살 사이로 금빛 망토를 펄럭이며
하늘을 오른다.
나도 그를 따라 간다.
그날따라 오후가 빛나고 있었다.

73. 열린 마당엔 모두가 있어 좋다

나라님 앞마당에 발을 들여놓았다.
이 나라 백성이면 누구나 들어와도 좋다는 말에
시골에서 달구지 대절해 들어온 사람들부터
거동이 무척 불편한 이들까지 모두 기쁨을 달고 왔다.
북채를 든 여인들이 정원에서 흥겹게 뛰며
큰 깃발을 휘저으며 소리치는 장마당이 펴진다.
곁에 선 여인들이 손을 저으며 춤사위를 넣는데
아무래도 그 솜씨가 몸에 밴 문화 아니던가 싶다.
열린 마당엔 모두가 있어 좋다.
추억으로 따지면 경무대 자리는 어디 가고
군부독재의 번뜩이던 선글라스도 보이지 않는다.
고려조부터 궁궐인 자리에 왜인이 들어와 목을 자르고
총독관저를 지었다는 역사는 돌비석에 새겨져 있을 뿐
지금은 아무도 그것을 기억하려 드는 사람이 없다.
상춘재 좁은 계곡을 이어가며 물이 흐르지 않았다면
아픈 과거를 씻어낼 수 없었을 것이다.
이곳에 앉아 철권을 흔들었던 자들이
시간에 밀려 난 뒤 느꼈을 허무함이
나무 이곳저곳에 걸려 있다.

오늘은 더 이상 어제를 기억하지 않는다.
하늘은 맑고 더 없이 푸르다.
북을 두드려라. 피리를 불어라. 춤을 춰라.
아픔일랑 접고 꿈을 꿔라.
이 백성으로 하여금 내일을 보게 하라.

74. 그 사람은 나에게 말했어

혹시 지친 벌을 본다면
어찌 하겠는가.
가던 길을 멈추고
그를 살릴 생각에 집중하며
그에게 따뜻한 손길을 편다면
그래도 뒤뚱거리며 자꾸만 움직이려 하겠지.
아니면
개미떼에게 잡히든지
새들의 한 톨 식사로 끝나든지
사람들에게 밟히든지
전혀 상관하지 않는다면
그의 운명은 그것으로 끝나고 말겠지.
그에게 있어 너의 관심은 생명줄 같은 시간 아니겠는가.
그래도 이 땅에 그에게 관심을 둔 한 사람이 있어
자꾸만 그를 꽃 위에 올려놓았지.
혹시라도 꿀을 빨아 정신을 차렸으면 얼마나 좋겠나.
공중으로 날려 보내며 소원을 빌었다.
제발 날거라.
살아서 꿈을 펼쳐라.

그 사람은 나에게 말했어.
날면 사는 거라고.

75. 내가 너를 친구라 부르기 시작한 것은

어느 날 밤 그가 나를 찾아와 말하기 시작했어.
이제 내가 당신을 완전히 점령했노라고.
무슨 소리, 내가 널 느끼기 시작한 것이 어제오늘이던가.
허기진 배를 안고 신음하던 어릴 적부터
아파서 잠 못 이루던 그제 밤까지
넌 나에게 속삭였지. '그래 어떠냐. 살만 해?'
네가 악질이라는 것을 이미 알고 있었어.
하지만 너를 더 이상 그렇게 부르지 않기로 했다.
내가 너를 친구라 부르기 시작한 것은
몸이 던지는 신호를 막힘없이 통과시키고
내일을 준비하도록 경고하는 네 배려 때문이었지.
그 신통방통한 재능을 존경하지 않을 수 없어
널 나의 보호자로 임명하기로 했네.
그러니 오늘 밤도 순찰하는 일을 게을리 하지 말게.
도적들이 떼로 몰려오면 불빛으로 놀라게 하고
몸을 찌르려거든 칼로 막아내며
마음까지 점령하려거든 어림없다 소리 쳐다오.
네가 내 친구가 될 줄 미처 몰랐다 아이가.

76. 내 몸에 불지를 생각하지 말고

결국 코로나에 걸려버렸다.
코도 막고 입도 막았지만
어느 새 들어왔는지 목이 깔깔하다.
잔기침으로 대응해보지만
밀려날 기미가 없다.
한동안 날 진지 삼아 공격의 줄을 놓지 않겠지.
그런데 코로나가 한 마디 한다.
"날 침입자로만 대하지 마세요.
그것은 잘못된 방어책입니다."
참 친절도 하셔라.
그래 자꾸 미워하면 얼마나 서운하겠니.
한 열흘 널 친구 삼아 면역을 키울 것이니
그동안 넌 내 친구가 돼줘야겠다.
몸 구석구석이 호소해오면
약을 투여할 것이니 항복할 준비 잘 하거라.
청컨대 내 몸에 불지를 생각하지 말고
얌전히 놀다 가거라.

77. 그림자도 보이지 않는 너를

시간은 가까이 오듯 하다가도
저만치 물러가고
스치듯 하다가도
어깨 위에 앉아 숨 한 번 들이 킨 다음
금방 날아가 버리는 새가 되었다.
붙든다고 잡힐 네가 아닌 것을
일찍이 알았음에도
혹시라도 붙잡을 수 있을까 싶어
팔을 뻗어본다.
시계는 식탁 맞은편에 붙어
똑딱 거리지만 그것이 한 발 늦은
한 숨 소리인 것을 어쩌랴.
아침가고 오후가고 저녁이 되면
문 열고 들어올 것 같아
자꾸만 기웃거려 본다.
그림자도 보이지 않는 너지만
눈에 담을 수만 있다면
더 이상 묻지 않고 잠들 수 있을 것 같아
하늘을 향해 편지를 띄워본다.
혹시 읽을 수 있다면

혹시 기억할 수 있다면
시 한 줄 남기게나.
그것이 답이 될지 어찌 알겠나.

78. 당신은 하늘빛으로 다시 태어나

이 고요함은 당신을 위한 시간입니다.
아무도 깨뜨릴 수 없는 순간에
숭고함이 자꾸만 피어나는 것은
당신의 생애가 그만큼 깊고 아름다웠기 때문입니다.
아픔을 안고서도 굳이 내색하지 않은 것은
감사하고 찬양할 것들이 오히려 많았기 때문입니다.
위로를 받아야 함에도 불구하고
위로의 자리에 기꺼이 서며
넘어진 이웃을 일으켜 세우는 일에 앞 장 섰으니
어찌 위대하다 하지 않겠습니까.
소리 내어 위험을 알리고
가진 것을 아낌없이 나누며
하늘 섬기기를 끊이지 않았으니
누가 우러러 보지 않겠습니까.
이제 우리는 이곳에 서서
마지막 인사를 하고자 합니다.
하늘로 가시는 길이니
주님이 먼저 당신을 맞을 것이요
앞서 간 성도들이 당신을 환호할 것입니다.

당신은 하늘빛으로 다시 태어나
우리를 비출 것이니
우리는 더 이상 외롭지 않을 것입니다.
고이 눈을 감으소서.
하늘 계단에 오르소서.

79. 통증이 문을 두드리는 날

골목을 벗어나면
길가에 작은 병원 하나 서있다.
정면에 광고가 앞치마처럼 걸려있다.
여의사는 그림 속에서
만면에 웃음을 지으며 말한다.
"통증은 늙어간다는 증거입니다."
그래 나이 들면 아픈 건 당연하지.
자네가 노화를 막을 수 있다는 말인가.
세상이 거꾸로 가니 별난 재주 다 있다.
길 가던 바람이 귓속말로
통증은 신호라 한다.
감이 오면 즉시 겸손 하라 한다.
아프면 "아이고, 하나님" 기도가 절로 나오고
무릎 꿇지 않을 수 없으니
네 말이 맞다.
"너, 네 나이 들면 알거야" 하시던 어르신들
이젠 보이지 않고 먼 길 가셨다.
통증이 문을 두드리는 날
조용히 두 손 모으며 기도할 것이다.

주님은 우리의 때를 아시지만
그 시간은 알려주지 않으셨지.
이제 통증으로 올 때를 잊지 말라 하시니
더 겸손히 살리라.

80. 빛을 타고 내려온 삶은 다시 그 빛을 타고 올라가

도심 안쪽을 조심조심 걷는다.
불 켜진 식당 안으로 들어가
주인장에게 눈인사를 하자
꿈에서나 봄직한 디저트가 둥근 접시에 오른다.
시간이 갈수록 맛은 더 익어간다.
혹시 소식 들었나요?
섬과 섬을 잇는 다리에
살짝 걸쳐둔 생명의 조각들이 석양빛에 졸 때
그곳의 터줏대감이 갑자기 입을 열어
"이제 날 놓아주시는군요." 라고 말하는 것을.
그것은 노을을 향해 말한 것이 아닐세.
마지막으로 할 수 있는 천둥 같은 소리일세.
하늘을 향해 바치는 감사이기도 하고
찬양이기도 하네.
그는 늘 말했지.
"나는 희망한다. 너도 희망하라."
그 때마다 우리의 꿈은 사탕수수처럼 쑥쑥 자랐다.
너도나도 무지개를 따라 간 게야.

하지만 우리 모두 몸을 낮춰야 할 때가 있어.
부표가 정적을 깨고 움직이는 순간
노을은 바다를 힘차게 밟고
하늘은 마지막 빛을 내며 작별을 고하지.
그 때 난 알았어.
빛을 타고 내려온 삶은
다시 그 빛을 타고 올라간다는 사실을.

81. 몸이 무슨 말을 하기 전에

몸이 싫어하는 것들이 있다.
위는 위대로, 간은 간대로.
젊어서는 큰소리치며 그냥 눌러버렸지.
무슨 소리를 하는 게야?
그런데 이젠 그 간청에 귀를 기울이기로 했네.
너무 늦어서 미안하다며 머리를 긁적여보지만
몸이 받아 줄지는 장담할 수 없지.
그래도 지금까지 살아온 정을 봐서
넘어가기는 하겠지만
망가진 것들에 대한 책임은 오로지 내게 있다.
언젠가 몸이 말을 하겠지.
주인님, 이 부분 손을 봐야겠어요.
그 땐 큰돈이 들 것이니 입이 마를 것이다.
고통은 얼마나 클지 가늠할 수도 없다.
하지만 그 말을 받아들일 수밖에.
그러니 얘야, 몸이 무슨 말을 하기 전에
먼저 말을 들어야해.
우리가 들을 말이 어디 한두 군데냐.
고쳐 쓰다가 가겠지만

이젠 자중하고 자숙하고 자애하기 바란다.
몸 이곳저곳을 바라본다.
몸이 한 마디 한다.
오늘은 어쩐 일이세요?
미안해, 미안해.
나의 입술은 고해하듯 움직인다.

82. 오늘은 모두 막시 한판 푸시게나

때론 막춤이 깨끗해 보이듯
막시가 순수함을 드러내는 데
더 좋을 수도 있지.
배우지 않았기에 더 원초적이고
기교를 더하지 않았기에 들꽃처럼 아름다우며
주저함 없이 뿜어댈 땐 소름이 돋기까지 하다.
애써 칭찬을 외면하고
함께 함을 좋아하는 모습이라니
외면하지 않는 마음이 곱다.
냇가에서 더운 여름을 씻어내듯
막시는 그저 첨벙대며 웃는다.
시는 그저 물 흐르듯 흐르고
새들이 가끔 먹을 것 있나 싶어
훔쳐보기도 하지만
가난한 시인의 곳간엔 시 몇 톨 뿐
그것마저 박박 긁어 저녁에게 바치면
남는 것은 배고픔뿐이다.
하지만 시가 고플 뿐이니
너무 안쓰럽게 생각하지 마라.

오히려 너에게 주문할는지 몰라.
"그러지 말고 막시 한 번 써보시지."
빠진 이빨 사이로 미소가 보이면
고것도 예뻐서 시는 막 춤을 춘다.
오늘은 모두 박시 한판 푸시게나.
얼쑤 덩더꿍.

83. 우리는 지금 그 시간을 기다립니다

생물은 세포 분열을 하죠.
핵도 분열을 합니다.
그런데 생각도 분열을 합니다.
그렇다고 아무 때나 하는 것은 아닙니다.
강렬한 어떤 느낌이 있을 때
폭발하듯 분열을 하기 시작합니다.
이 생각 저 생각이 부딪히고
깨어지는 소리가 요란할수록
분열은 더욱 확대됩니다.
정신없이 돌아간다는 것은 이 때 하는 말입니다.

그것이 어떤 분열인지 몰라 애태울 때도 있지만
모르는 것이 차라리 약일 수도 있습니다.
답을 아는 순간 분열이 멈추기 때문입니다.
그 강렬함을 만나기는 쉽지 않습니다.
인생을 걸어도 만날 기회가 없을 수 있지요.
하지만 분열이 무엇인가를 안다면
그 어떤 가치라도 투자할 준비는 되어 있습니다.
그것은 보이지 않던 사람이 보일 때 불꽃처럼 일어날 수

있고
들꽃의 미소에 빨려 들어가는 순간 시작될 수 있습니다.
폭발하듯 분열이 시작될 때 우리는 고함을 지를지 모릅니다.

하지만 그 소리를 들은 사람은 없습니다.
이미 내면에서 폭발해버리거든요.
우리는 지금 그 시간을 기다립니다.
증폭의 순간을

84. 일상이 비상등을 켤 때

'그러나' 가 자꾸만 우릴 내쫓으려 한다.
기민함을 이길 장사가 없다.
날선 생각들이 저지선을 넘나들고
스트레스가 진지를 구축하기 시작한다.
그 모습에 별들이 놀라 얼굴을 바꾼다.
갑자기 통증이 밀려든다.
걱정이 떼로 몰려와 청구서를 내민다.
균형이 질그릇처럼 깨어지고
일상이 비상등을 켤 때
나는 알았지.
이젠 숨조차 쉴 수 없는 세상이 온다는 것을.
희망이 보이지 않을 땐
무조건 일어나 하늘을 봐야 해.
밤은 짙게 화장을 하고
고요는 무겁게 내려앉았다.
'그럼에도 불구하고' 가 눈을 동그랗게 뜨고
지켜보고 있다.
넌 알아야 해. 지금 불침번을 선거야.
그의 시선을 따라 빛이 줄을 그으며 쏟아진다.

세상이 조금씩 밝아진다.
그 변화에 나도 놀라고 그도 놀란다.
그 사이로 아침이 저벅저벅 걸어온다.
숨길이 열린다.
'그러나' 가 부끄러운 듯 몸을 숨긴다.

85. 그 소리에 내가 놀라

하늘이 궁창을 포기했을 때
파란 희망조차 빛을 잃어야 했다.
큰물의 샘조차 터지자
지구는 익사 상태에 돌입했다.
대홍수의 소용돌이 속에서
인간의 죄는 더 이상 용서받지 못했다.
어디로 도망을 갈까
산으로 가자니 기력이 없고
성난 물가로 가자니 숨을 곳이 없다.
우린 노아를 마구 비웃었지.
이 대낮에 방주를 짓는 바보 같으니라고.
그런데 이젠 그도, 방주도 보이지 않는다.
이젠 땅과 하늘이 우리를 조롱하며
물을 뿜어댄다.
마지막 호흡만 허용 받은 생명체는
회개할 틈도 없이 죽음을 맞는다.
아, 이렇게 죽어가다니.
놀라서 마구 소리를 질러본다.
그 소리에 내가 놀라 깬다.

꿈이다. 꿈이다.
정직하게 살아야겠다.
깨끗하게 살아야겠다.

86. 이젠 추억의 조각만 남아

소 한 마리가 마구 쫓아온다.
온 힘을 다해 도망했다.
그런데 다가 온 소가 뭔가를 건넨다.
그리고는 뒤돌아갔다.
잠에서 깨어보니 꿈이었다.
어머니가 나에게 전해 준 태몽이다.
소가 준 것이 뭐라 했는데 잊어먹었다.
어머니가 하늘에 계시니 답도 얻기 어렵다.
주머니인지 종이인지 가물가물하다.
기억도 나이가 들어나가 보다.
아내에게 혹시 태몽을 꾼 적 있느냐 했더니
단칼에 "난 꿈같은 것 안 믿어요." 한다.
아직도 잊히지 않는 에피소드가 있다.
소가 길을 가면서 마구 실례를 했다.
"저 소, 응아 했다. 맴매 맞아야겠다."
어릴 적 내가 한 말이라며 웃으시던 어머니.
추억에 남은 한 줄의 대사다.
물론 소를 혼낸 적은 없다.
또 건널목에 선 어머니

나는 어머니 치마를 붙잡으며 한 마디 했단다.
"엄마, 지금 가면 안 돼."
내가 뭘 안다고, 감히 어머니한테.
하지만 모친에겐 모두 추억이다.
이젠 어머닌 가고,
추억의 소각만 남아 바람에 흔들린다.

87. 그렇다고 질 순 없지

질긴 것은
뭐든 놓지 않으려는 끈질김 때문이다.
잠간 머무는 것이야 참고 용서한다.
그런데 머리끝에 올라 내려올 줄 모른다면
얘기는 다르지.
내사 포로 될 일이야 없겠지만
그 날이 올 것 같은 불길함이람.
그렇다고 질 순 없지.
언젠가 널 꽁꽁 묶고 심문할 것이다.

요샌 변장술에 능한 녀석이 어슬렁거린다.
숨바꼭질하다 덜미를 잡히기도 했지만
딴 이름을 대며 자기는 아니라 한다.
속고 또 속고
그 끈질김에 내 숨이 넘어간다.
떼어낼 마음이야 굴뚝같지만
좀처럼 떨어지지 않으니 어떡하나.
너도 참 병이다.

모두가 지쳐가니
입원실조차 만원이다.
차례를 기다리는 사람들 속에서
아픔과 초조함이 버물려진다.
누가 이기나 내기한 것도 아닌데
오늘따라 비도 그치지 않는다.
그렇다고 쓰러질 우리가 아니지.
한쪽에서 소리가 들려온다.
"절대 넘어지지 마. 쓰러지지 마."
산자의 소리다.
완승을 기대하지 않지만
질긴 놈들 불러 혼을 내야겠다.

88. 별들은 폭발하듯 기쁨을 터뜨리고

소리에 익숙했던 내가
오늘은 문을 닫고 침묵에 들어갔다.
들을 만큼 들었으니 후회할 것도 없다.
돌처럼 무거운 마음을 내려놓자
자꾸만 날아오르려 한다.
그래 지금은
무엇을 해야겠다는 생각도
무엇이 되어야겠다는 욕심도 접고
너른 우주로 날아가자.
빛나는 것들과 마주하고
그들의 이름을 부를 때
별들은 폭발하듯 기쁨을 터뜨리고
나와 포옹을 하겠지.
더 이상 나는 내가 아니고 그들도 없는 거야.
우리는 하나가 되어
또 다른 우주를 향해 날아가는 거지.
환상이 끝없이 펼쳐진다.
우리는 지금 어디로 가고 있는 것일까.

89. 역시 동생은 있어야 해

도씨와 그의 아내가 양성 판정을 받았고
감사하게도 잘 견뎌냈다 전갈을 보내니
여동생들이 답장을 보내왔다.
막내 동생이
"다행이시네요. 저도 걸렸었는데
별로 아프지 않고 지나갔어요. 건강하세요."
저런, 저런, 너도 그랬구나.
코로나가 문지방을 넘나드니
더 이상 숨을 곳이 없다.
다른 동생은
"고생하셨습니다. 빨리 지나가야 하는데
오빠, 언니 아프면 싫어."
마지막 문구에 도씨의 콧날이 찡긋하다.
역시 동생은 있어야 해.

90. 이렇게 살 줄 미처 몰랐다

이렇게 살 줄 미처 몰랐다.
머문 곳은 끝이 아니고
또 다른 시작일 뿐이었지.
겨울이 긴 땅에서 벗어나
봄꽃이 입을 연 곳에 나비처럼 앉아
뒤돌아본 적도 있었다.
팔랑거리는 세월을 뒤로 하고
산 밑에 자리를 잡고 살았다.
그곳도 나의 곳이 되진 못했다.
도회지로 나가 전철을 타기 시작했다.
사람들은 짐짝취급을 받았지.
가난은 좀처럼 해결책이 없었어.
바다를 건너고 섬을 지나
너른 대륙에 짐을 풀었다.
식솔이 늘어나 책임도 늘어났다.
그곳은 다른 세상이었어.
하지만 그곳도 영원한 곳이 아니었어.
나는 개척을 하기 시작했다.
때론 버렸던 곳을 찾아 가능성을 찾기도 했다.

언어를 가공해 넘기고
제사장의 옷도 보여주며
높은 곳을 바라보며 살자 했다.
모두 삶의 징검다리를 건너 와
작은 섬에 정착하기 시작했다.
하늘을 향해 열어 둔 창에
별들이 찾아오고
바람이 마음을 전한다.
간간히 친구들의 소식도 들리고
때 낀 종탑도 보인다.
매일 아침 길을 연다.
계곡의 물소리는 아닐지라도
추억을 첨벙이며 가고 있다.
이렇게 살 줄 미처 몰랐다.

91. 우리는 다시 시작할 것이다

짙은 쇠 소리가 난다.
아픔이 피처럼 뚝뚝 떨어지고
생명은 생명을 향해 날을 세운다.
파랗던 희망이 빛을 잃어간다
멸종되고 있다는 소리마저 들린다.
의도하지 않았지.
격변 때문이 아니란 말도 사실이다.
작은 욕심이 거칠어지면서
모두를 부정하기 시작했지.
그 때 사람들은 그리워하기 시작했다.
삶을 건 여행도 마다하지 않았어.
다른 곳으로의 이동은
늘 용기가 필요해서
살아남을 확률을 재보기도 하지만
그래도 남은 생명을 지키기 위해
모험을 해야만 한다.
그곳에 닻을 내리는 날
총총한 눈빛이 우리를 감싸고
모두의 입에서 찬가가 울려나올 때

서로 껴안으며 울겠지.
우리는 다시 시작할 것이다.
그렇게

92. 여보게, 이 멋진 순간을 놓치지 말게나

산다는 것은
선물 가운데 가장 아름다운 거야.
하늘은 빛을 뿌리고
구름은 아픈 구석까지 달래주며
바람은 귓가를 맴돌며 잔잔한 소식을 전하지.
새들이 팔 벌려 춤을 추고
잎들은 손뼉을 치며 고함을 지르기도 한다.
우린 느린 걸음으로 미소를 지으며
그 사이로 걷는 거야.
함께 하고 싶은 걸 어쩌나.
아무도 막지 않으니 염려는 놓으시게.
길은 늘 열려있고
초대받은 자는 거침이 없어.
환영인사는 계속되고
성찬은 풍성하다.
지칠 법도 한데
기대와 축포가 단조로움을 깨뜨린다.
무대가 열리자마자
빛나는 함성이 압도한다.

우주의 합창이 시작된 거야.
살아있는 세계를 눈으로 확인하는 순간
난 외치지 않을 수 없었어.
여보게, 이 멋진 순간을 놓치지 말게나.

93. 난 이래봬도

밤이든 낮이든 난 주저 없이 순찰을 다닌다.
내 영역을 침범하는 자에게
가차 없이 돌격자세를 취하고
물러나지 않을 경우
눈물이 쏟아지도록 하겠다.

난 집이 없다.
그래도 사람들은 구석구석에
내 쉴 곳을 마련해주고
먹을 것과 마실 것도 가져다준다.
난 그들의 관심과 공손함을 기뻐하며
나 홀로의 식사를 즐긴다. 왕처럼.
시간이 나는 대로 운동장 구석구석을 돈다.
나에게 어떤 공식 명칭을 부여하지 않았지만
그들은 나의 행동을 눈여겨보며
당연한 것으로 생각한다.
골목까지 순시하고
아파트 단지까지 확인하는 것으로 일차 업무를 마친다.
사람들은 그런 날 존재감 없이 보지만

놀라지 마라.
난 이래봬도 이 골목에 대장이신
고양이 나리이시니라.

94. 인사동 된장 집

인사동 골목을 돌아
한식집 이층에 들어섰다.
계단부터 된장 내 덕지덕지 붙었다.
찌개 한 그릇엔 진한 된장국과
두부들이 국물에 쩐 채 앉아있다.
마구 뜨면 짠 내로 범벅될 터이니
욕심 부리지 않아야 한다.
밥그릇에 된장 얹고
야채 버무리자 뒤엉킨다.
언제 좋아했다고
서로 잡은 팔을 놓지 않는다.
나의 강한 시기심은 결국 그 중에 몇을 갈라놓고
질근질근 씹어댄다.
씹고 또 씹으니 모두 항복을 하며
소리 없이 목으로 넘어간다.
너의 완전한 항복이 나의 건강으로 이어질 것이라는
희망을 안고 이곳에 들어섰고
주인은 너희를 팔아 생계를 이어가고 있으니
나를 탓하지 말거라.

너희는 모두 된장에 포로가 되어
이 집에 들어섰고
나 또한 된장에 이끌린 것이니
이미 한 몸 된 것 아니겠냐.
계산을 하고 층계를 내려오니
된장이 냄새를 풍기며 말한다.
또 오세요.

95. 하지만 탁월하고, 아름답게

사람이 어찌 이름으로만 살 수 있을까.
의식주로도 해결할 수 없는 배고픔이
늘 한 구석을 차지하고 있어
오늘도 한 줄의 글을 띄어 본다.
그것이 궁전의 표어로 채택되자
모두 춤추기 시작했다.
내면에 숨어있던 기쁨이 몸을 가누지 못한다.
약함이 감사의 끈으로 이어지고
난 다시 꿈꾸는 자가 되어 하늘을 오른다.
어디로 갈까 물을 새 없이
옥타브 끝까지 올라 모두에게 긴 신호를 보낸다.
그 노래에 구석구석에서 열정이 태어난다.
다시 시작이다.
이젠 크게 생각하고, 빨리 움직이자.
하지만 탁월하고, 아름답게.
그리고 웃음은 잃지 말자.
과거와의 긴 싸움일랑 접고
겸손을 친구로 삼으며
무엇을 할 것인가에 집중하자.

고요는 더 이상 고요가 아니다.
그 속엔 아무도 모를 움직임이 있다.
그것이 우리를 감싸는 순간
글은 가사가 되고
장엄한 합창이 뜬다.
세상은 이렇게 거룩해지는 것일까.

96. 아침엔 신발 끈 조여 매고

아침엔
신발 끈 조여 매고 걷는 것으로 시작한다.
밤새 정제된 맑은 공기가 맨 먼저 나를 맞는다.
심호흡으로 인사를 나누는 사이
빛살이 내려와 손등에 앉는다.
다독여야 할 영혼이 한둘 아니다.
커브를 돌아 내리막길로 향한다.
보폭을 크게 잡자 금방 병사가 된다.
건널목에선 기다림을 만난다.
그는 재촉하는 법이 없다.
서두르는 발을 애써 붙잡으며 쉬어가라 한다.
샛길로 들어서면
자작나무들이 줄지어 나를 기다린다.
바람도 함께 한다.
우리는 서로 안부를 전한다.
길가 마당엔 꽃들의 무도회가 한창이다.
궁금한 풀들은 목을 길게 뽑았다.
그 옆을 느린 걸음으로 지나는데
저 아래로 줄달음치는 시간들이 보인다.

출근길은 마음을 재촉한다.
그 새 몇몇은 커피 잔을 붙들고
사람들은 모두 빨려 들어간다.
이젠 나도 집으로 가야겠다.

97. 차라리 나의 행길을 돌려다오

내 어릴 적 한길은 늘 행길이었다.
"행길에 나가 놀지 마라" 엄한 분부를
이름표처럼 달고 살아서
조심조심해야 했다.
그것이 소심(小心)인 것은 나중에 알았다.
포장한 도로가 아닌지라
어쩌다 차가 한 번 지나가면
하얀 먼지들이 정처 없이 떠돌다
나를 향해 몰려오곤 했지.
반가운 것이 따로 있지. 너는 아니야.
순간 내 얼굴은 분으로 덧칠을 해야 했다.
이런, 분탕질이 따로 없다.
도시로 적을 옮기자
더 이상 행길은 없었다.
모두 찻길로 변하고
사람은 갓길로 밀려났다.
도로는 모두 포장이 되어서
분칠할 일도 없다.
그래서 도시가 좋다고?

말도 하지 마라.
내 몸엔 중금속이 덕지덕지 붙었다.
차라리 나의 행길을 돌려다오.

98. 생각을 바꿔, 생각을

동물원 짐승들이 집단 청원을 했다.
이곳에서는 도저히 숨을 쉴 수 없어요.
그만 둘 수도 없어요.
아무도 그 말에 귀담아 듣지 않는다.
그것이 너희의 삶이야. 당연한 것을 가지고 뭘.
청원은 금방 묵살되었다.
아, 이것이 몇 번째인가.
짐승들은 더 이상 사람들에게 관심을 두지 않기로 했다.
음식을 주면 게걸스럽게 먹고
지친 삶을 게으름으로 메우며 살기로 했다.
사람들은 우리의 거친 하품을 보며 웃는다.
입도 크다. 입도 커.
그래 그렇게 즐겨라.
동물원 주인은 신난다.
사람들이 늘어나면 입이 귀에 걸린다.
음악도 마구 틀어댄다.
그렇다고 우리가 춤을 출 것이라 생각한다면 오해지.
어느 날 짐승들에게 지혜의 신이 찾아왔다.
너희들 생각을 바꿔, 생각을.

그러면 이제부터 너희가 주인이고
사람들은 갇힌 자가 되는 거야.
세상이 뒤바뀌는 거지.
'그러면'이 효과를 발휘하기 시작했다.
짐승들은 더 이상 슬퍼하지 않았다.
가만있어도 하인들이 음식을 바치고
밀려드는 사람들을 일일이 점검하는 것도 나쁘지 않다.
갇힌 자는 우리가 아니라 그들이니까.
갑자기 사람이 불쌍하게 보인다.
착각을 하고 있는 것은 아니겠지.
무슨 약이 그리 세담.

99. 글이 색색의 옷으로 갈아입고

글이 자꾸만 숨는다.
얼굴만 살짝 보이다가 자취를 감춘다.
뭔가 부끄러운 게 틀림없어.
이 여름에 차림을 갖출 형편이 아닌데
예의를 담아 노크를 한다.
무슨 말을 하든지 나는 순간을 읽어내는
재능을 발휘하여 글을 써내려갈 작정이다.
그런데 답은 없고
온다는 시늉도 하지 않는다.
마음을 접고 글 쓸 생각도 접자
내 안의 구석에서 문이 열리고
작은 소리가 들리기 시작한다.
그것이 기쁨이었음을 안 것은 나중이다.

글이 색색의 옷으로 갈아입고
춤을 추기 시작한다.
짧은 시가 되기도 하고
산문으로 변하기도 한다.
할 말이 많으면 소설을 쓰겠지.

여름이 옷을 벗고 물장구를 친다.
그 순간 글이 나의 손을 꽉 잡는다.
그래, 함께 가는 거지 뭐.

100. 임은 갔지만 임은 결코

임은 갔습니다.
우리에게 천개의 손, 만개의 손을 흔들며
반갑게 인사하던 임은 갔습니다.
한 여름 그늘을 지우며
녹색 쉼터를 제공하던 임은 갔습니다.
정지된 순간에도
절대 안정을 취하며
우리에게 평정심을 갖도록
다독이던 임은 갔습니다.
바람이 강하게 불던 날
허리가 끊어지게 아파도
절대 쓰러지지 않던 임은 갔습니다.
허리 잘리고 몸이 동강나던 날
당신은 아픈 기색 전혀 보이지 않고
담담히 쓰러졌습니다.
그리고 쓰레기처럼 실려 갔습니다.
지금 나는 당신이 남긴 밑 둥을 바라보며
내일을 기다립니다.
언젠가 돌아와 나의 창문을 두드리며

녹색 합창을 들려줄 날을 기다립니다.
임은 갔습니다.
하지만 임은 결코 간 것이 아닙니다.

101. 세상에 가장 위대한 사람은

이름 가운데
별보다 더 총총하고 아름다운 이름은
아버지, 어머니다.
그 이름이 신성한 것은
하늘 아버지, 어머니 마음을 위임받았기 때문이다.
이 땅의 아버지, 어머니는
구김 없는 사랑으로 자녀를 키우고
그 어떤 희생도 마다하지 않는다.
자식을 눈에 넣은들 어찌 아프다 할까
죽는 순간까지 가슴에 품는다.
세상에 이런 무한 사랑 보았는가.
삼촌, 이모, 고모는 증인들이다.
아들은 가장 부르고 싶은 이름을 어머니라 하고
딸은 아버지를 잊지 못해 눈물을 흘린다.
자녀는 아버지, 어머니 이름을 물려받으며
그 사랑을 전하고 또 전한다. 대대로.
아이들아, 잊지 마라.
세상에 가장 위대한 사람은
바로 너희 아버지, 어머니이시니라.

102. 생각의 폭 넓히며

마음의 끈 조이고
생각의 폭 넓히며 걷는다.
너를 향해 걸어둔
구겨진 옷가지들을 거둬들이며
어제보다 더 단정하게 오늘을 맞는다.
구석진 면이 보이긴 하지만
나무랄 생각은 전혀 없다.
천천히 해도 늦지 않으니
미소는 잊지 말자.
또록또록한 목소리로 시작을 알리면
잠자던 하루도 벌떡 일어나겠지.
분주함이 부채질 하려들지만
그 때마다 마음 두어 자 넓히며
다독일 것이다.
그리고 정직과 기쁨으로 무장하면
정녕 후회할 일은 없을 것이다.

103. 종횡무진 체형을 바꾸며

창문을 여니
구름 행진이 한창이다.
도도한 흐름에 시선을 금방 접을 수 없다.
행렬이 긴데도 한 점 흩어지지 않으니
지휘자가 있음이 확실하다.
순간 점수가 올라간다.
어떤 때는 몸집이 큰 대륙이었다가
어떤 때는 우주의 섬이 되었다가
종횡무진 체형을 바꾸며
대회를 연다.
그래 창조성, 유연성 모두 합격이다.
하지만
며칠 비를 쏟아 부은 것도 너고
세상을 뒤집어놓은 것도 너니
아예 시치미 뗄 생각은 하지 마라.
네가 무슨 짓을 할지 모르니
과한 칭찬은 접기로 했다.
그래도 하늘을 무대로 삼고 사는 너를
어찌 낮게 평가할 수 있겠느냐.

한 여름 따가운 햇볕 막아준 너를 생각한다면
감사 점수 한 점 더 올려놓아야 하지 않겠느냐.

104. 그래, 그렇게 가자

길이 막히자 모두 당황한 모습이 역력하다.
갈 수 있으려나.
의사도 아닌데 이곳저곳 두드려본다.
낭떠러지가 보이자 한 걸음 띄기 두렵다.
갑자기 미래가 조마조마하다.
가다 보면 길이 있겠지 하는 생각도 들지만
왠지 무너지고 깨어질 것 같은 느낌에
숨조차 고르지 못하다.
하지만 물러서지 않는 것이 우리의 힘이다.
함께 하는 한
언젠가 우리 모두 정상에 오를 것이 틀림없으니
잠시 쉬어간들 어떻고 돌아간들 어떤가.
마음 한 번 크게 먹으니
보이지 않던 길이 훤히 보인다.
긴장으로 뭉친 마음 풀고
작은 능선을 따라 천천히 걷는다.
오르노라면 저 너머가 보이겠지.
뒤따라오는 사람들도 보이겠지.
길 잃은 자도 우릴 보며 소리를 지르리라.
그래, 그렇게 가자. 쉬엄쉬엄

105. 시작이 아름다웠다면

시작과 끝은 아주 멀어 보이지만
그들은 그리움으로 닿아있어서
한 줄의 말로도 눈물을 흘릴 만큼
가깝다는 사실을 아무도 모른다.
마지막엔 늘 구원이 기적처럼 걸려 있어
기다림이 보상 받는다는 것을 알게 된 후로
사람들은 희망을 나뭇가지에 올려놓고
달빛에 비춰본다.
지칠수록 그 꿈은 더 익어가
오늘도 눈 부릅뜨고
귀 크게 열고 세상을 읽는다.
연이은 폭력에 신음하고
전제의 폭압으로 숨죽이며
병든 자들의 거친 숨소리가 높아진다.
그래도 소망을 잃지 않는 것은
다 그 끝이 있기 때문이다.
시작이 아름다웠다면
끝도 그러해야 마땅한 것 아니겠느냐.
그것이 진리의 고리라면
그리워해도 아무 해가 없으리라.

106. 그 날 식탁 전투는 그렇게 막을 내렸다

그 날 젊은 주방장이 내놓은 된장국에는
바다에서 갓 잡아 올린 전복과
뼈 섞인 흰 닭살 덩이
그리고 잘잘 썬 호박과 고추가
지글지글 끓고 있었다.
찹쌀밥은 그 곁에서 우리를 지켜보고 있다.
마치 희게 분칠한 아가씨처럼.
종지에 담긴 반찬들도 다소곳하다.
하지만 수저와 저분이 공격할 때마다
꼼짝없이 아픈 가슴이 드러난다.
얌전해도 소용없다.
사람들은 그들을 씹고 삼키며 이야기를 토해낸다.
결국 된장국은 마음을 비웠다.

먹히는 것이 이기는 것이다.
반찬과 밥도 함께 그 길을 갔다.
사람들의 배를 채웠으니 성공한 것이지.
몇 시간 뒤 사람들이 모두 일어섰을 때
가지런했던 식탁은 이미 폐허가 되어 있었다.

마지막 수습은 종업원 몫이다.
그 날 식탁 전투는 그렇게 막을 내렸다.
된장국의 승리로

107. 우리 모두 깃발이 되어

주님, 삶에 깊이가 있다는 것은 무엇일까요. 더러는 생각의 어른다움이라 말하고 더러는 하는 일에 의미가 있음이라 합니다. 하지만 우리에게 깊이란 주님과의 관계 아니겠습니까? 우리 삶에 깊이가 얼마나 있었을까요? 과거를 딛고 선 현재가 잠시 우리 마음을 무겁게 합니다. 하지만 서로 모르던 사람들이 주 안에서 만나 사랑과 헌신으로 빛나는 순간들을 만들며 살았다는 것만으로도 우리는 잊을 수 없는 사이가 되었습니다. 힘들었던 기쁘던 매순간이 자랑스럽기까지 해서 자꾸만 당신을 향해 높이 두 손 들었던 기억이 새롭습니다. '주님, 우리 모두 여기 있습니다.' 그 일이 자꾸 떠올라 오늘 같이 경사스런 날엔 모든 것을 접고 정말 덩실덩실 춤을 추고 싶습니다.

지나온 날들을 돌이켜보면 감사할 일들이 참 많습니다. 하지만 보이는 것만 모든 것이 아니겠지요. 주님, 우리는 무엇보다 주님의 역사하심을 믿습니다. 지난 역사도 자랑스럽지만 앞으로 일어날 주님의 역사, 그 보이지 않는 미래의 역사를 지금 믿음의 눈으로 바라봅니다. 우리는 주님이 있기에 절대로 절망하지 않습니다. 주님이 일하신 곳에서 함께 한 시간이 귀한 것처럼 주님이 일하실 곳에서 함께 할 시간을 기다립니다.

우리 모두가 동서남북에 퍼져 다시 하늘의 뜻을 전하고 목소리를 드높일 때 세상은 놀라게 될 것입니다. 우리 모두 색색 깃발이 되어 어둠을 깨뜨릴 것입니다. 그 때 숨죽이던 하늘은 기뻐 뛰고, 별들은 빛을 토하며 노래할 것입니다. 우리는 뒤를 돌아보지 않고 푯대를 향해 달려온 것을 감사하며, 주님으로부터 받은 면류관을 오히려 당신께 돌려드리겠지요. 얼마나 영광스러운 순간일까요. 얼마나 눈물이 날까요.

우리는 지금 그 시간을 기다립니다. 그것은 당신과 함께 할 또 다른 시간입니다. 그것은 역사를 뛰어넘습니다. 그 초역사의 순간에 우리가 건널 강들이 도도하게 흐르고 있습니다. 주의 강들이 노래하고 있습니다. 주의 산들이 우리를 향해 손을 흔들고 있습니다. 이제 주님과 함께 그 강을 두려움 없이 건너고, 준령을 넘을 것입니다. 태양은 다시 우리를 위해 뜨고, 우리는 생명의 강가로 나아갈 것입니다. 영광스럽게. 주님과 함께.

주님, 우리의 과거, 현재, 그리고 미래, 그 모든 시간을 지금 아름답게 엮어 당신께 믿음으로 보고 드립니다. 그 찬란하고 놀라운 역사를 오직 우리의 소망이신 주님께 올려드립니다. 이 모습 그대로, 주님 받으시옵소서. 우리 모두를 받으시옵소서.

108. 비 오는 날, 동네 한 바퀴

밖에는 비가 내리고 있습니다.
간밤에도 잠시 문을 열고 밖을 내다보았지요.
가로등은 고개를 숙이고 있는데
그 아래로 빗물이 눈물처럼 흐르고 있었습니다.
무엇이 그리 슬퍼 내내 우는지 모르겠습니다.
차라리 기쁨을 이기지 못하여
흘리는 눈물이라면 얼마나 좋을까요.
아침에 우산을 펴들고 길거리로 나섰습니다.
늘 동네 한 바퀴 도는 것이 이젠 습관이 되었지요.
전 그래도 좋은 습관이라 생각합니다.
찬 기운이 기도를 통해
내 몸 구석구석까지 퍼집니다.
녀석도 내 안에서 한 바퀴 도는 것이지요.
우리는 그렇게 짝짜꿍이 맞습니다.
큰길에 들어서니 등굣길 학생들이 보입니다.
그래 그런 때가 좋은 거야.
아이들을 보니 다시 젊어지는 느낌입니다.
빗물은 내내 때 낀 도로를 씻어내느라 바쁩니다.
지금까지 비 오는 날, 동네 한 바퀴 소식이었습니다.

109. 네가 어찌 감당하려고

사람아, 네가 시를 쓰려느냐?
그 어마 무시한 세계에서 몇 줄의 언어를 꺼내
그것이 시라고 말할 참이냐?
별도 쓰지 못한 시를
네가 어찌 감당하려고 감히 시인인체 하느냐?
이 땅에서 지금까지 우주를 움직일 시를 본 적이 없는데
넌 어찌 시를 쓴다며 그 많은 시간을 투자해
가난뱅이가 되었느냐.
차라리 시냇물이 되었다면 작은 소리 내고
산이 되었다면 구름과 안개 맞았을 것을.
하지만 보이지도 않는 것을 지극한 가치로 삼았으니
그것으로 인정받기 충분하다.
시는 좀처럼 자기를 드러내지 않고 천상을 돌며
생명체의 아린 가슴을 읽고 헤아리느라
바삐 움직이고 있다.
그러니 네가 어찌 우주의 신비를 알겠느냐.
어쩌다 그 옷자락을 본 사람들이
그 펄럭임에 놀라 몇 줄 적어놓고
비밀처럼 숨겨놓고 있었으니

시의 본체는 알다가도 모를 것이다.
그래도 네 너를 어여삐 여겨
그림자 하나 남기니
나의 긍휼함을 무시하지 말 것이다.

110. 과연 이 밤을 무사히 지날 수 있을까

하늘도 거대한 소용돌이에 휩싸이고 있다.
질풍노도가 폭죽처럼 터지는 사이에
온갖 파괴가 일어나고 있다.
성난 주체가 누구인지 알려고 고개를 들어본다.
하지만 아무도 그의 얼굴을 보여주려 하지 않는다.
무질서가 판을 치고 있지만
어느 누구도 막지 못한다.
나무들은 미친 듯이 머리를 흔들고
벌레들은 숨죽이며 목숨을 구걸한다.
찢긴 상처는 체념하듯 고개를 숙이고
내일 아침에 깨어날 수 있기를 빈다.
저 아래 땅에서 비집고 일어난 반역은
동맹군을 이끌며 강해졌다.
그 강세가 얼마나 지속될지 의문이지만
지금은 그 어떤 맞섬을 허락하지 않고
계속 질주하고 있다.
사람들아, 너 스스로 보호하라.
그렇지 않으면 생명조차 보장할 수 없으리라.
지금 그 외침을 듣는가.

거대한 위력으로 커버린 황제 앞에서
모두들 떨고 있다.
과연 이 밤을 무사히 지날 수 있을까.
하지만 놀라지 마라.
우리의 재기를 지켜보는 실재가 있다는 사실을.
아무렴, 너는 일어날 수 있어. 깜 쪽 같이.

111. 지금 꿈을 꾸는 것 아니겠지

풍성함은 가슴 가득 기쁨이 차기 때문이다.
작은 소리도 크게 들리고
높은 산이 아닌데도 높게 보인다.
격은 순하고 품은 포근하다.
이 순간이 깨어지지 않는다면
오늘은 정말 부자라 해도 좋다.
정중함이 기품으로 서고
따뜻함이 가슴에서 가슴으로 흐르면
터져 나오는 충만함이 철책을 넘겠지.
삶이 더불어 익어가고
음이 산을 넘으면 시선은 우주로 향할 것이다.
우리의 언어가 천상을 돌고 돌아 제 자리에 서면
지구는 기뻐 자리를 내어주겠지.
별들은 이곳저곳에 등불을 켜고
우리의 대화는 꽃으로 변할 것이다.
세상에 무슨 일이람
우리는 지금 꿈을 꾸는 것 아니겠지.

112. 밤은 결코 잠을 이룰 수 없다

한 청년이 가방을 맨 채 밤길을 저벅저벅 걷고 있다.
건장함이 넘치고 자유롭다.
가로등은 수줍은 색시처럼
고개를 떨어뜨린 채 말 없이 길을 비추고
날 벌레들은 곁에서 춤을 추느라 정신이 없다.
언덕 위 삼층집에 불이 켜지자
별들이 놀라 눈을 깜박인다. 갑자기 무슨 일이람.
밖은 너무 고요한데 풀벌레 소리 요란하다.
이 밤중에 합창을 하기엔 조심스러울 터인데
나름 외롭다 외치고 싶은 겐가.
그래 혼자 있다는 사실은 참을 수 없지.
모두 다 썸 타나보다.
숨을 깊숙이 들여 마시자 신선함이 따라 들어온다.
하늘을 배경으로 가난한 시인의 원고가 쫙 펴진다.
달도 큰 얼굴을 내밀며 기웃거린다.
무슨 일일까.
밤은 결코 잠을 이룰 수 없다.

113. 당신이야 말로

당신의 혼과 꿈을 담은 글을 볼 수 있을까요? 북산가에 흐드러지게 핀 봄꽃과, 겨울을 녹이는 따뜻한 이야기가 녹아있다면 고맙겠습니다. 골방을 적신 기도의 눈물까지 보여준다면 더욱 감사하겠습니다. 사랑으로 단단히 묶어 놓은 것이면 환영합니다. 본관 앞 소나무가 줄 지어 선 것을 보셨겠지요. 우리는 지금 당신의 글을 정중히 기다리고 있습니다.

오늘도 북산가 언덕엔 코스모스가 피고, 사과배가 익어 가고 있습니다. 우리는 한 때 그곳의 주인공들이었습니다. 학생들은 당신이 익힌 사랑을 먹고 마시며 삶의 눈을 떴습니다. 당신이 없었다면 그토록 경이로운 장면을 보지 못했을 것입니다. 당신은 아골 골짜기를 생명의 동산으로 바꿔놓았습니다. 우리 시대에 이처럼 놀라운 일이 또 있을까요.

북산가는 전능자의 그늘이었습니다. 우리는 그곳에서 하늘의 양식을 먹고 마시며 살았습니다. 그 꿈같은 세월을 절대 피곤하다, 불편하다 말하지 않고 감사하며 살았습니다. 어느 세상에 다시 이 맛을 볼 수 있을까요. 그 순간을 우리에게 허락하신 분은 오직 한분이셨습니다. 우리는 그분께 늘 감사하며 삽니다. 그것을 경험한 당신이야 말로 글을 쓸 수 있는 마지막 증인입니다.

우리는 지금 당신의 혼을 담은 위대한 글을 손꼽아 기다리고 있습니다. 그 글이 사람들의 마음을 움직이고 생명을 불어넣어주기 때문입니다. 이제 미래는 당신에게 달려있습니다.

114. 그것이 사랑의 무게일지 어찌 알겠나

생각하는 사람은 말의 무게를 알고 있다.
말은 자신을 드러내는 대사이고
상대에 대한 깊은 생각이 담겨있다.
그래서 그는 내면에서 사랑을 녹이고 녹인 다음
언어로 버무리고 단단하게 만들어
맑은 구슬로 엮은 다음
그것을 접시에 담아 가장 필요한 시간에 내놓는다.
이익을 셈하지 않고
누가 있다 해도 그 한 사람에 초점을 맞추며
익고 익은 언어를 아낌없이 투자한다.
그 때 가슴은 떨리고 입은 금방 터질 듯 발갛다.
눈망울은 그를 향해 재깍거린다.
모든 것이 폭발하듯 터지고 나면
언어는 더 이상 숨을 곳이 없다.
부끄러워 도망한들 어디로 갈 것인가.
그가 그것을 곱게 받아들일 때
그 때서야 안도하며 말하겠지.

말처럼 어려운 것이 없어. 얼마나 무거운지 몰라.

이 사람아, 너무 자책하지 말게나.
그것이 사랑의 무게일지 어찌 알겠나.
사랑한다면, 정말 사랑한다면.

115. 기다림이 되레 초청장이 되어

소식마다 색깔이 있다.
환희를 살짝 입혀 기쁨을 주기도 하고
슬픔이 리본처럼 달려 마음조차 주름지게 한다.
하루에도 몇 번이나 온탕과 냉탕을 오가는데
삶은 막다른 길목만 있지 않아 갑갑함은 덜하다.
때로 햇볕이 찾아와 따스하게 손 내밀며
위로 한 줌 놓고 가기도 한다.
건널목엔 오늘도 이 소식 저 소식 오간다.
원치 않는 병, 어쩔 수 없는 행차,
다듬어지지 않은 사고, 힘이 빠진 경제로
시름시름 앓다가도
웃음을 찾은 모습에 박수를 치고
깃발이 서고 나팔이 울리면
너나 할 것 없이 소리를 지른다.
참, 얼마만인가.
너무 빨리 희망을 접을 일은 아니지.
기다림이 되레 초청장이 되어
꿈꾸던 행렬을 부를 것이니
때를 기다리면 만나지 않겠느냐.
우리가 그토록 바라는 것들을

116. 궁금하면 바람에게 물어봐

뜬금없이 이것저것 묻는 친구가 있다.
궁금한 것이 왜 그리 많은가 싶었는데
이제 생각해보니 인사였다.
오늘은 그가 나의 주변을 맴돈다.
이리저리 훑어보다 정색하며 묻는다.
"정말 괜찮아요?"
위대한 발견이나 한 것처럼 떠본다.
그의 문법에 넘어갈 내가 아니지.
그저 웃음으로 답한다. 그도 싱겁게 웃고 만다.
그렇게 해서 우리의 인사는 끝났다.
그 후 어떤 대화가 오갔는가는 비밀이다.
때로는 어깨에 기대어 연인처럼 굴기도 하고
때로는 무섭게 취조를 하기도 한다.
잘못하면 뺨을 맞을 수 있다.
그 친구가 누구냐고? 궁금하면 바람에게 물어봐.
절대 자기라고 자백하지 않을 터이니.
하지만 확실한 것 한 가지 있다.
허가 없이 드나들고 자취를 남기지 않는다는 사실.
아무도 관심을 주지 않으려는 세상에
그런 친구가 있어 내가 산다.

117. 로쉬 하샤나

로쉬 하샤나(새해)의 아침
숲에 고요가 잠들어있다.
이따금 들려오는 저 숨소리는
파랗게 익어가는 잎들의 기도소리다.
거룩한 옷을 입고 낮은 음 자리를 지키며
새로운 세상으로 들어갈 준비를 한다.
입도 마음도 가지런하게 다듬는다.
쇼파르(뿔 나팔소리)가 울리면 우리는 떠날 것이다.
그 순간 하늘에서 빛이 쏟아지고
가지는 휘어지듯 몸을 흔들며
새 날이 옴을 기뻐하리라.
사람들은 앞날이 신선하도록 사과를 먹고
석류를 터트리며 기원하겠지.
순결을 사모하여
몸을 씻고 회개하는 모습도 역력하다.
마음이 가난한 자여, 보이는가.
우리의 삶 속에 새로운 세상이 열리는 것을.
그 날 숲은 절대로 고요하지 않을 것이다.

*로쉬 하샤나(Rosh Hashanah): 유대인의 명절인 새해(설날)

118. 그의 꼿꼿함이 이 아침에 빛난다

세월을 무겁게 인 어르신이
너른 바지통 휘날리며 걸어온다.
한 인생이 걸어온다.
존경을 받아 마땅한 분이어서 눈인사부터 건넨다.
큼직한 안경테가 무거워 보이지만
눈은 예사롭지 않게 초롱초롱하다.
이른 아침 정장이라 바쁘신 행차신가 싶은데
걸음은 늘 힘차고 여유가 있어
박수 쳐드리고 싶다.
길을 건너다 말고 서서
고갯길 한 숨에 오르는
그의 뒷모습을 한참이나 읽어본다.
지금까지 쉬지 않고 오르던 길 아니던가.
이까짓 오르막쯤이야 험 하디 험한 인생길에 비할까.
휘두르는 팔에 당당함이 넘친다.
사람들 따라 그냥 가는가 싶어 바라보니
나른 길로 간다.
가지 않아야 할 길은 아예 쳐다보지노 않는나.
그의 꼿꼿함이 이 아침에 빛난다.

119. 그래 우리 다시 시작하자

교장 선생 댁에서
시집 온 분재 철쭉이 수줍은 듯 온통 붉다.
칠년은 키운 것이라는 데
아름다운 자태가 지긋하다.
얼마나 사랑을 먹고 자랐으면
그리 고운 것이냐.
치자나무도 한 날 시집을 왔다.
복지관의 배려로 하얀 가마 타고 왔다.
철쭉에 질 새라 새 하얀 꽃을 피운다.
특별히 주문하지 않았는데
갑자기 향연이 펼쳐진다.
이런 호사가 어디에 있나.
그런데 며칠 새
하얀 치자 꽃이 노랗게 변하기 시작했다.
혹여 마음 상한 건 아니겠지.
헌데 철쭉도 시들해진다.
내가 무엇을 잘못했기에 모두들 이런 것이냐
결국 그렇게 화려하던 꽃들은
다 하직을 하고 말았다.

철쭉은 더 심하다.
꽃만 지는가 싶더니 잎까지 다 시들었다.
나무조차 죽는가 싶어 마음이 온통 상하는데
새 순이 나기 시작한다.
처음 보는 일이다.
그래 우리 다시 시작하자.
죽은 나무들이 나를 일으킨다.

120. 부끄러움이 자꾸만 숨을 곳을 찾는다

내 마음의 뜰에 황색 선 그을 수 없어
노란 돌 몇 개 올려놓았다.
침범을 허락하지 않는다는 신호인데도
이따금 새들이 쉬었다 가고
아이들이 디딤돌 삼아 밟고 지나간다.
그렇지 태어난다는 것은 함께 한다는 것인데
그 무엇으로 금줄을 친단 말인가.
아예 마음 문 활짝 열면
구름이 떼 지어 지나가고 하늘은 더 파랗다.
내사 두 팔 벌려 모두를 부드럽게 안으며
그동안 부르지 못했던 노래 띄우고 또 띄우면
새들은 다시 돌아와 합창을 하리라.
그 일을 생각하면 할수록 기뻐
색색 줄 모아 만국기처럼 흔든다.
혼돈이 정돈되고 마음 밭에 꽃이 가득하다.
왜 진작 그리하지 못했을꼬.
왜 문 닫고 갑갑하게 살았을꼬.
부끄러움이 자꾸만 숨을 곳을 찾는다.

121. 그렇다고 비켜설 네가 아니지

비둘기 세 마리가 커피 집 앞을 서성이고 있다.
맛있는 커피 맛에 홀린 모습이 역력한데
주인장은 시선 한 번 주지 않는다.
주문 받느라 정신이 없는데
돈 없는 객에 관심 줄 리 없다.
그렇다고 비켜설 네가 아니지.
바닥에 떨어진 커피 알들을 열심히 쪼아대며
한 마디 한다.
"이렇게 맛있는 것을 왜 버려. 너희들이 이 맛을 알아?"
의자에 앉아 커피를 쭉쭉 빨아대던 젊은이들이
으스대며 말한다.
"커피는 이렇게 마시는 거야."
그 때 주인장이 버튼을 누르며 외친다.
"7번 손님, 모카골드 마일드 세 잔 나왔어요."
비둘기 세 마리 모두 고개를 앞으로 흔들며
잰 걸음으로 나아간다.
설마 무슨 일 벌어지는 것 아니겠지

122. 언젠가 그 순간이 구름처럼 몰려와

기다림이 풀숲에 앉아 졸고 있다.
한 줄 기별이라도 줬으면 좋으련만
한 치 앞도 알 수 없는 세상이라
차마 입을 열지 못했음이야.
그렇다고 마냥 서성일 수 없어
졸린 마음은 주변을 살피다
그만 털썩 주저앉고 말았다.
이러다 삶의 초점을 잃을까 걱정이지만
그림자조차 없는 것들을 향해 무슨 말을 할까.
이런 일로 정치인들이 나서 줄 리 없고
거들어줄 이 없으니 혼자 앓을 수밖에 없다.
쓰러지면 누가 이 자리를 지켜줄까
초조함을 감출 수 없어 안타까움이 더하다.

하지만 아무도 기다려주지 않는다면
우리네 삶이 얼마나 팍팍하겠느냐.
네가 있어 심장은 설렘으로 뛰고
오늘이 기대의 기를 높이 세울 수 있으리라.
그러니 지금 오지 않는다며 슬퍼하지 마라.

언젠가 그 순간이 구름처럼 몰려와
시끌벅적하게 잔치를 벌일 것이니
그 때 웃음 달고 마냥 큰 소리 치거라.

123. 조용히 네 이름 한 번 불러본다

내가 너와 함께 산지도 참 오래 되었다.
보리 밭 사이에서 뛰놀던 어린 시절에 너를 만나
이젠 느린 걸음으로도 숨 차는 나이에 이르렀으니
적지 않은 세월 아닌가.
눈 내리는 겨울 밤,
세상은 점점 더 흰옷을 두껍게 입는데
너는 날개를 편 천사가 되어 내 곁에 다가왔다.
난 너의 환한 날개 짓에 반하고 말았지.
비가 쏟아지던 날,
온 몸으로 너를 맞으며
눈물처럼 떨어지는 너의 아픔조차 사랑했다.
매서운 바람이 땅을 얼게 하는 지경에도
나무들이 손 흔들며 다급하게 구원을 청할 때도
너는 나를 기꺼이 받아주었다.
그처럼 마음 문을 연 너에게
지금까지 한 번도 고맙다 한 적 없었으니
어찌 섭섭지 않겠느냐.
숨겨놓은 사랑이 너를 안을 것이고
아직 부르지 못한 노래가 너에게 위로를 줄 것이다.

너는 오늘도 한 번도 가보지 못한 세계로 인도하며
우리 모두로 하여금 눈을 뜨게 하니
어찌 감사치 아니하랴.
시야, 조용히 네 이름 한 번 불러본다.
너무 고맙다.

124. 영원을 사모한 그 이유 하나로

나는 웃으리라.
파란 꿈과 흰 구름이 섞이고,
우리의 어제가 소용돌이치던 땅,
그러나 이제는 그 모든 것을 초월한 모습으로
너를 보면서.
내 앞에 장미 한 송이가 고개를 숙였다.
그것이 모든 것을 알리 만무하지만
그래도 잊을 수 없는, 아니 잊히지 않는 것으로 인해
너와 내가 붉게 연결되어 있음을 본다.
우리는 늘 잊음으로 어제와 소통하고
사랑으로 지금과 동무한다.
미래는 아직 가보지 못한 길,
어떤 강을 또 건너야 할지 모르지만
보이지 않는 그것이 오히려 비밀의 코드가 되어
우리를 다시 만나게 할 것이다.
그 날 우리는 손뼉을 마주하며 서로를 찾고
하늘의 언어로 말할 것이다.
문이 열리면 우리는 미래를 넘어
또 다른 세계로 날아가며 우주 밖 우주를 볼 것이다.

영원을 사모한 그 이유 하나로
지금까지 익숙했던 것과 이별하고
그 나라 백성이 되어 영원으로 가리라.
너와 함께.

125. 그렇게 만남은 치유를 낳고

그 날 만남은 아주 놀라웠다.
끊임없는 관심과 기도로 시작했으니
하늘도 감동하지 않았겠나.
모두들 둥지를 잃고 쫓겨난 지
몇 해나 되었으니 그리움은 그만큼 컸을 터.
서로를 보는 순간 눈빛이 달랐다.
뛰는 가슴을 누르며
안부를 묻다 눈물이 고이기도 했지.
어이 아픔이 없을까.
그런데 슬픔보다 기쁨이 앞서니
기적이 아닐 수 없다.

그렇게 만남은 치유를 낳고 상처를 아물게 했다.
눈물로 씨를 뿌리면
반드시 곡식 단 거둘 날 온다 했으니
우리 모두에게도 웃을 날이 있을 터.

그 날 우리는 헤어지기 아쉬워 또 묻고 또 물었지.
다짐은 사랑으로 익고, 소망은 싹을 틔웠다.

이래봬도 겨울 칼바람에 맞선
역전의 용사 아니던가. 북산가 그 언덕에서